トランプ2・0
世界の先を知る100の問い

吉野直也 編著

日経プレミアシリーズ

プロローグ

民主主義の意義を問う

トランプ氏が米大統領選の勝利を宣言した2024年11月6日。月日を感じたのは息子、バロン君の姿だった。8年前、メラニア夫人に寄り添っていた10歳のバロン君は18歳になり、190cmのトランプ氏をはるかにしのぐ200cmを超えるまで大きくなっていた。

現職として1度負けた大統領の返り咲きは132年ぶり。世界は16年、20年、24年と大統領選に出馬したトランプ氏を12年にわたって見続けることになった。大統領の任期について米国憲法は2期8年までを定める。連続のほうが8年で終わるので、トランプ氏に批判的な人からすれば、まだましだっただろう。

トランプ氏には最後の4年になるわけだが、ワシントンで取材していた前回16年とはまったく異なる感慨がある。前回、思い浮かんだ言葉は民主主義における「調整弁」もしくは「あだ花」だった。民主主義のシステムで鬱積した不満、しかしながらそのシステムを長く継続していくためには、トランプ氏のようなガス抜きの存在も長い歴史に必要なのだろうという言い聞かせに近かった。

「調整弁」にしろ「あだ花」にしろ1回限りだから、たとえられるのであって、それが2度にわたると、その形容は正確ではない。トランプ氏を再び大統領に押し上げた米国社会の価値の地殻変動に目を凝らさざるを得ない。大統領選の投開票日の24年11月5日付日本経済新聞朝刊のコラム「Deep Insight」に書いた記事を紹介したい。

大正時代につくられた童謡「歌を忘れたカナリア」の歌詞はこう始まる。♪歌を忘れたカナリアは後ろの山に捨てましょか　いえいえそれはなりませぬ
今回の米大統領選から「歌を忘れたカナリア」の歌詞を想起することがある。
歌詞は、歌を忘れてしまったカナリアは何の価値もないのか、という問い

に、そうではない、と続いている。意味を巡る諸処の解説の一つは「歌を歌う」本分を忘れてしまったことへの戒めだ。

米国にとって伝道師と自任してきた民主主義は本分に近い。大統領選はそのお手本と称されてきた。対立候補への悪口雑言や嘘をいとわない3度目の共和党大統領候補、トランプ前大統領は民主主義のお手本ではない。

「悪口は慎みなさい」「嘘をついてはいけません」。大人が子供に教えてきた道徳的な価値と、トランプ氏の発言は相反する。道徳的な価値は民主主義を支える根幹だ。

トランプ氏の誹謗《ひぼう》中傷や嘘に鈍感になるのは、信じてきた道徳的な価値の倒錯を受け入れることになる。社会はやがて規律と秩序を失い、混乱を深める。

トランプ氏は大統領在任中にナチス・ドイツの独裁者ヒトラーについて「良いこともやった」と言及していたという。大統領首席補佐官を務めたジョン・ケリー氏が米紙ニューヨーク・タイムズに明かした。

10月中旬、米国を訪れた。首都ワシントンから120マイル（193キロメートル）離れた激戦州、ペンシルベニア州の州都ハリスバーグで、街中の人に取材した。7人に声をかけ、4人が答えてくれた。

民主党大統領候補のハリス副大統領支持2人、トランプ氏支持1人、どちらも支持しないは1人だった。印象的だったのは黒人男性コインさん（41）のトランプ氏支持の理由だ。

政治に求めたのは変化である。「ハリス氏は国民の期待をあおるものの、我々には何の恩恵もないだろう」と説明した。

米国の実質国内総生産（GDP）はこの30年あまりで2倍に成長した。超富裕層との格差も生まれている。米アマゾン・ドット・コム創業者のジェフ・ベゾス氏、著名投資家のウォーレン・バフェット氏、米マイクロソフト創業者のビル・ゲイツ氏。

2017年のデータによれば、この3人の個人資産を合わせると、米国の下位50％の人たちの個人資産に匹敵する。

米国の23年の平均的な従業員の年収と最高経営責任者（ＣＥＯ）の報酬には１９６倍の開きがあった。学歴に準じた所得格差も大きい。その不満が16年大統領選でトランプ氏を勝利に導いた。

20年大統領選でバイデン氏が勝ったにもかかわらず、トランプ氏の成功物語が続いているのは、民主党政権の失政にほかならない。トランプ氏の支持者はインフレや不法移民への対応を「明日のパン」の問題ととらえているからだ。

元青山学院大教授の会田弘継氏（共同通信客員論説委員）は近著『それでもなぜ、トランプは支持されるのか』で映画「ゴジラ」を用いてトランプ現象をひもといた。怪獣ゴジラは核実験で放射能を浴びて突然変異を起こした古代恐竜の一種で、南方で無念の死を遂げた戦死者の「亡霊」との筋書きだ。

会田氏は事実上の階級社会に絶望する支持者の怒りを代弁するトランプ氏と、戦死者の怨念を体現する「亡霊」ゴジラの類似性を指摘した。

もしトランプ氏がゴジラと同様に憎悪の成り代わりだとしたら、大統領選の勝敗に関係なく、その亡霊は徘徊《はいかい》する。

日本は10月27日投開票の衆院選で自民、公明両党の与党は15年ぶりに過半数を割った。旧安倍派の議員を中心とする政治資金の不記載問題への反感が要因だ。衆院選は「明日のパンではなく、道徳的な価値」が争点になった。

構造改革が遅滞する日本の実質GDPはこの30年あまりで1・2倍とほぼ変わらず、「失われた30年」の「出口」はみえない。

日本に社長報酬額が従業員の100倍を超える企業はほとんどない。平均は9倍程度で、学歴による所得格差は米国と比較して小さい。独特の公平感が衆院選での関心を「道徳的な価値」に向かわせ、民主主義を機能させているとしたら、それも手放しで喜べない。

再びカナリアにまつわる話。「炭鉱のカナリア」は何らかの危険が迫っていることを知らせる前兆を指す。炭鉱で有毒ガスが発生した際に人よりも先にカナリアが察知して鳴き声を止めることで、警告を発する。

米国は8年前のトランプ氏の大統領選勝利を民主主義における「炭鉱のカナリア」と受け止めるべきだった。トランプ氏は20年大統領選の敗北を認めず、21年1月6日の米連邦議会議事堂の襲撃事件を扇動した罪で起訴された。

米国での民主主義の揺らぎは大統領選の候補選びにも表れた。共和党は終始「トランプ1強」、民主党はハリス氏が予備選を経なかった。

米国際政治学者ケント・カルダー氏は今回の大統領選を「両党とも民主主義の本質である競争に欠けていた。民主主義の機能が衰えた」と総括する。

「歌（民主主義）を忘れたアメリカ」になってしまうのか。米大統領選は接戦のまま11月5日の開票を迎える。（肩書、年齢は当時）

トランプ氏の再登板による地殻変動が米国社会を完全に壊すかといえば、そこは懐疑的だ。歴史には揺り戻しがある。民主党が大敗した1972年の大統領選を巡ってニクソン大統領が民主党本部の盗聴に絡んだ「ウォーターゲート事件」が起きた。引責辞任した74年に副大統領のフォード氏が昇格、76年大統領選は民主党候補のカーター氏に敗れた。

民主党は80年、84年、88年と共和党に3連敗したものの、92年にはビル・クリントン氏が登場し、ブッシュ（第41代）大統領の再選を阻止した。２００８年の黒人初の大統領になったオバマ氏も、民主党の起死回生になった。

複雑に絡み合う各国の思惑

「トランプ２・０」の影響は世界に及ぶ。中国を標的に最大60％の関税をかけると表明する一方、ロシアや北朝鮮には秋波を送る。ウクライナ国民の穏やかな日常を独りよがりな理由で侵略したロシアの意向に沿った停戦は言語道断だ。戦争犯罪人に指定されたプーチン氏への対応や侵略地域の返還、賠償などが欠かせない。

ウクライナ侵略の顛末は中国の台湾侵攻とも連動する。侵略した国家が得をするような決着は第二、第三のウクライナの悲劇を誘発しかねない。領土の強奪を進めるプーチン氏のやり口を習近平氏は参考にしているとされている。国際法を無視し、他国の領土を侵略する前例は、将来にわたって世界に禍根を残す。

中国、ロシア、北朝鮮。さらにイランを加えた4カ国を新「悪の枢軸」と呼ぶ専門家もいる。北朝鮮はロシアの侵略に加担し、派兵した。トランプ氏と4カ国、そして4カ国内の関係の変化に注意しなければならない。いずれも対米国で結束するものの、トランプ氏がロ朝を厚遇した場合、4カ国内に微妙な空気が流れても不思議ではない。

同じく2024年2月17日付「Deep Insight」で書いた「『ほぼトラ』と中ロ蜜月の変調」を再掲したい。

トランプ前大統領（77）が11月の米大統領選の共和党候補指名を確実にしつつある。不測の事態がない限り、前回2020年と同じトランプ氏とバイデン大統領（81）の再戦となる。米世論調査の数字から「もしトラ」ではなく「ほぼトラ」ではないか、との見方も出ている。世界はどう変わるのか。

政治を動かすのは各国の指導者の持ち時間である。米国憲法は大統領の任期を2期8年までと定める。トランプ氏の再登場にしろ、バイデン氏の再選にしろ、2人は大統領1期を務めており、残りの持ち時間は1期4年だ。

専制国家の指導者は任期がないか、形骸化している。残りの持ち時間は本人の寿命と近い。持ち時間の短さが民主主義国家の指導者には悩ましい。

米国人男性の平均寿命は76・3歳で、バイデン、トランプ両氏ともすでに超えている。これも任期とともに考慮せざるを得ない。

トランプ氏の再登場で変化が考えられるのは米ロ関係。同氏は前回の任期中、ロシアのプーチン大統領（71）と良好な間柄だった。ロシアのウクライナ侵略について「私なら24時間で終わらせる」とロシア優位で停戦を進める意向を示唆している。

トランプ氏の1期目と同様、米国がウクライナを支援する欧州と険悪になる恐れをはらむ。

ロシア人男性の平均寿命は68・2歳で、プーチン氏は現状で上回っている。指導者の寿命は一般の国民よりも長い傾向なので、一概に持ち時間はいえない。

それでも日本人男性の平均寿命81・5歳をプーチン氏に当てはめて計算すると、日本人でいう80歳代半ばとみることもできる。

旧ソ連時代も権力者が共産党書記長などの地位を放さず、マレンコフとフルシチョフらを除き死去によって移譲した。

プーチン氏が最初に大統領に就いたのは2000年。「お手盛り」の選挙で3月に再選されれば任期は30年までとなる。事実上の最高権力者たる期間は旧ソ連時代のスターリンにほぼ並ぶ。プーチン氏は78歳となり、日本人男性でいう90歳を超える。

プーチン氏が年齢から来る焦りでウクライナ侵略に突き進み、侵略後の想定外の遅れがさらなる焦りを生む。トランプ氏の再登板に飛びつきたい心境だろう。

同じ専制国家、中国の習近平《シージンピン》国家主席（70）の持ち時間はどうか。

中国人男性の平均寿命は74・7歳。最高指導者のまま死去したのは毛沢東だけだ。鄧小平氏は85歳、江沢民氏は76歳、胡錦濤氏は69歳で最高指導者を退いた。任期制限を自らの手で撤廃した習氏の持ち時間は寿命に近似するとの観測がある。

独裁色を濃くする習氏の足元の中国経済には不動産不況が直撃している。経済軽視のツケが徐々に忍び寄る。

トランプ氏は中国に一律60%超の関税を課すことを検討していると表明した。再登場となれば習氏に追い打ちをかけかねない。

60%超の関税になれば、中国経済の苦境は加速する。中国は「よりまし」論でバイデン氏に心情的に傾いていくのか。トランプ氏でも「4年の我慢」と達観し、台湾に関心が乏しい点をプラス要因と思い込もうとするのか。

トランプ氏の再登場を巡るプーチン氏と習氏の心理的な負担の違いは、中ロの蜜月関係に変調をもたらす可能性がある。

冷戦下のソ連時代、経済力で中国を引き離していたが、いまや逆転されたうえにロシアと中国の差は歴然。国際通貨基金（ＩＭＦ）の統計によると、22年のドルベースの名目ＧＤＰは中国（18兆ドル）がロシアのおよそ8倍だった。

ソ連崩壊直後から中国が優位に立ち、その差はワニの口のように広がった。中国はさらに伸びる余地がある。経済力は軍事力にも直結する。

ウクライナを侵略したプーチン氏は習氏に軍事支援を求めたものの、中国は正面から応えなかった。これがプーチン氏の北朝鮮の金正恩《キムジョンウン》総書記への接近の背後にある。

専制国家陣営の中国「1強」にはロ朝の沈殿した複雑な心情がある。トランプ氏の再登場は中ロ間にさざ波を起こすかもしれない。

日本にも影響は及ぶ。日本の首相選びと米大統領選は連動しないはずだが、関連付けて語られるのも今回のトランプ現象の一つだ。

安倍晋三元首相は1期目のトランプ氏と強固な関係をつくり、日米同盟の深化にむすびついた。世界の経済成長の拠点で、地政学的な要衝でもあるアジアの重要性を理解できないトランプ氏の気まぐれは、日本にもアジアにもリスクであり続けている。

政局の焦点は岸田文雄首相（66）が9月に任期満了を迎える自民党総裁の再選をめざし、総裁選前に衆院解散・総選挙に踏み切るかどうかにある。トランプリスクに対処するうえで政局の流動化は回避したいところだ。

自民党の麻生太郎副総裁（83）は1月に訪米した。トランプ氏との面会を探ったが、実現しなかった。ポスト岸田不在の折、麻生氏本人に意欲があるのか、と永田町は疑心暗鬼になった。

「ほぼトラ」を見据えて米国の外交・安保と経済の様変わりに身構える世界と、派閥とカネの問題に多くの時間を割く日本の国会。この好対照は内向きな日本と世界からの劣後に重なってみえる。（肩書、年齢は当時）

日本はどうか。トランプ1・0で協力を深めたように世界の中の日米同盟を誇示していくのが基本戦略だ。トランプ氏が求める無理難題はうまくいなさなければならない。トランプ氏の任期は4年。これまで積み上げてきたものをひっくり返す必要はない。外交・安保についても経済についても、敵対せず、しかし迎合せずといったところだろうか。

トランプ1・0のときは安倍晋三首相とトランプ氏の蜜月関係で、無理筋の要求をうまく拒否した。今度は石破茂首相がトランプ氏のパートナーになる。国益を守るために動いてもらいたい。2024年10月の衆院選で自民、公明両党の与党は過半数を割った。少数与党は独自で予算案を通すことはできないし、内閣不信任決議案も否決できない。

日本は社会主義的な国か？

政局は不安定になる。指導者が短期間で代わるリスクのある国家は信用力も落ちる。政争が続く国家は投資を呼び込みにくくもなる。少数与党は国民民主党など野党との政策協議もしなくてはならなくなった。

政策決定が「安倍1強」の時よりも可視化され、霞が関の各省庁からは「突然、変な指示が来ることはなくなるのではないか」と歓迎する空気もある。半面、財政は拡張主義になりがちだ。日本は与野党とも「大きな政府」を志向する社会主義的な経済政策を争っているように映る。

2年以上前になるが、2022年8月30日付「Deep Insight」の「自民党流『社会主義』の顚末」も挙げたい。

政治家それぞれに鉄板ネタがある。自民党幹事長の加藤紘一氏を担当していた1998年ごろ、こんな問いかけをされた。「『日本は最も成功した社会主義国家』。これ誰が言っているか知っている?」。答えに窮すると「ゴルバチョフだよ」とすぐに教えてくれた。新たな番

記者にも同様のやりとりが繰り返された。

派閥「宏池会」会長になった加藤氏は99年に日本経済新聞社主催の「アジアの未来」でもこの話に触れた。「『民主社会主義国家』の限界がきた。日本には資本備蓄、技術革新の能力、高い教育水準を持つ人的資源という3つの種があるのに土が硬くなっている」と構造改革を訴えた。岸田文雄首相は当時、宏池会の有望な若手だった。

ソ連最後の最高指導者、ゴルバチョフ氏の「社会主義国家・日本」という賛辞には3つの皮肉がにじむ。日本は資本主義国家であるのが一つ、「社会主義」は東西冷戦で敗北したことがもう一つ、最後は日本において「社会主義」を支える分配のための経済成長がその後、怪しくなったことだ。

90年代は日本が「失われた30年」といわれる停滞期の初期にあたる。ゴルバチョフ氏は日本にはまだまだ分配のための経済成長が見込めると思ったのだろうか。

政略と政策は連動する。自民党は55年体制下で社会党の政策を3年遅れで吸収してきたとやゆされた。保守政党とうたいながら経済政策はリベラルに振れ、保守とリベラル双方の票を取りにいった。これが政権維持に効果的だった。90年代に始まった連立の時代もそれは変わらなかった。

自民党の経済政策は米国でいえば「小さな政府」を志向する共和党より「大きな政府」の民主党に近い。霞が関の官僚機構と二人三脚で経済政策を練る仕組みも「大きな政府」路線を後押しした。

その自民党で経済政策づくりの中心に長らくいたのは、池田勇人首相が興した宏池会などだ。池田氏は「軽武装・経済重視」を原則とした吉田茂首相の側近で、宏池会は自民党の本流と目された。

構造改革を推進しようとした小泉純一郎首相や安倍晋三首相が属した派閥「清和会」は、自民党の系譜において傍流と位置づけられた。その安倍首相の経済政策アベノミクスでも、政府主導の賃金引き上げや教育の無償化などリベラル色が濃い政策はあった。

2010年に日本の国内総生産（GDP）は中国に抜かれた。20年の日本の1人当たり労働生産性は経済協力開発機構（OECD）加盟38カ国中28位で、韓国を下回った。日本は経済成長が期待できない国になりつつある。

岸田首相の提唱した「新しい資本主義」は変化の兆しがあるものの、分配に軸足があるとみられている。21年の衆院選でも22年の参院選でも立憲民主党は明確な対立軸をつくれず、議席を減らした。立民を封じ込めた半面、構造改革を主張した日本維新の会は両選挙で伸長した。保守・リベラル政党、自民党への不満の一部が流れた。

自民党が政権交代を含め逆風にあった時期には、経済不況と新たな保守勢力の出現や台頭がある。

まず第1次石油ショックに端を発したインフレが底流で響いていた1976年、河野洋平氏らが結成した新自由クラブが衆院選で躍進した。三木武夫首相は負けた責任を取って退陣した。

バブル崩壊の余波があった93年、小沢一郎氏らが自民党を飛び出て新生党を立ち上げ、衆院選後、細川護熙氏らが率いる日本新党と非自民連立政権を樹立した。

2008年のリーマン・ショックで世界的な経済危機に見舞われ、自民党は09年の衆院選で敗北した。政権をとった民主党の中核は小沢氏や鳩山由紀夫氏らかつて自民党竹下派に所属した面々だ。

現在に置き換えればロシアのウクライナ侵攻などに伴う物価高は自民党にとって要注意の問題だ。

経済成長の鈍化は激変する東アジアの安全保障に影を落とす。「最後の手段」とはいえ、中国は台湾の武力統一を否定していない。

台湾は沖縄県与那国島からわずか110キロメートルだ。台湾有事は日本有事であり、自民党は防衛費を5年以内にGDP比2%以上を念頭に増やすよう提起する。経済成長が微々たるもので歳出だけ膨らめば、財政事情は悪化する。抑止力強化にも経済成長は不可欠だ。

この30年間で中国の名目GDPはドルベースで40倍以上に伸び、2倍に満たない日本とは対照的になった。社会主義の看板を掲げつつ実態は市場原理を取り入れて資本主義と変わらない中国。資本主義を標榜しながら「最も成功した社会主義国家」と評された日本との差は歴然としている。

日本が深刻なのは「社会主義」だと仮定しても、分配を支える経済成長がおぼつかない点だ。現状で自民党を脅かす野党はいない。一方で自民党がこの顚《てん》末《まつ》で保守・リベラル路線を継続したら世界で劣後しかねない。

「厳密には日本で『資本主義』と呼べる時期はなかった。『新しい資本主義』ではなく、まず『資本主義』を始めなければならない」。最近の自民党内にはこんな声もある。本来の資本主義に近づける構造改革は、党内の政略と政策が結びつく対立軸にもなる。

資本主義の原動力をアニマルスピリッツとするなら、自民党には企業家の野心的な意欲を引き出す環境づくりを最優先に取り組んでほしい。その先頭に立

——つのは岸田首相である。（肩書、年齢は当時）——

トランプ2・0で起こる世界の混乱で日本まで安定を損なっていては世界からますます後れをとる。与野党が対決し、政策が遅滞する展開は望んでいない。2024年の衆院選で「対決よりも解決」を訴えた国民民主党が躍進したのは、そんな旧態依然とした与野党対立に辟易とした有権者が動いた結果ともいえる。

経済力、軍事力、ソフトパワーで構成する国力を強化するために与野党は対峙を優先するのではなく、協調すべき点は協調し、政策を進展させてほしい。そのこともトランプ2・0に当たって与野党に改めて考えてもらいたい。

この本はトランプ2・0で浮上する問題の核心について日米の専門家に聞いた。題名を『トランプ2・0 世界の先を知る100の問い』としたのは、この100の問いへの回答の道筋が分かれば、理解が進むのではないか、との期待を込めた。

インタビューをとりまとめるに当たって日本経済新聞社の山﨑浩志常務取締役編集局長の

後押しで23年6月に始まったポッドキャスト番組「ＮＩＫＫＥＩ切り抜きニュース」の配信の一部を活用した。編集は恩地洋介（国際グループ）、亀真奈文（政治・外交グループ）の両デスクらの協力を得た。日ごろ番組をともに作っているアシスタントでフリーアナウンサーの川口満里奈さん、ラジオＮＩＫＫＥＩの林雅瑛さん、弁護士で作家の牛島信さん、そして日本経済新聞社の野々下和彦映像戦略本部長にこの場を借りて感謝申し上げたい。

２０２５年1月吉日

日本経済新聞社　国際報道センター長　吉野直也

トランプ2・0　世界の先を知る100の問い

目次

プロローグ　3

第1章　外交・安保に関する19の問い　35

谷内正太郎◆富士通フューチャースタディーズ・センター理事長

トランプ2・0の留意点　36
米中接近の可能性は　38
日米安保条約について　40
在日米軍の費用負担について　42
石破首相との関係　45

日米中の関係はどうなるのか 47
台湾有事に関するトランプ氏のスタンス 49
トランプ氏と北朝鮮 53
ウクライナ戦争との関係 55
中東の混乱は収まるか 59
トランプ後の世界 61

折木良一 ◈ **元統合幕僚長**

日本の安全保障政策の変化について 64
日米における軍（隊）の違い 68
安全保障を巡る情報の扱いについて 70
トランプ氏周辺を固める安全保障の人材について 71
在日米軍の駐留経費は 73
ウクライナ侵略に対するトランプ氏の姿勢 74
同盟国との関係はどうなる 76
今後の日米安全保障について 78

第2章 米国政治に関する21の問い 83

ケント・E・カルダー ◆ 米ジョンズ・ホプキンス大高等国際問題研究大学院（SAIS）副学長
トランプ氏圧勝の理由は 84
米国民の「道徳的価値」について 87
民主党は今後どうなる 89
バイデン氏の功罪 92
共和党の先を読む 94
トランプ氏の外向きの動きについて 96
米国から見た、トランプ氏と日本の関係 98
グレン・S・フクシマ ◆ 米国先端政策研究所上級研究員
ハリス氏はなぜ負けたのか 101
バイデン政権はどこで間違えたのか 102
ヒラリーの敗北はいまだに影響しているか 108
人口動態から見た今後の民主党と共和党 110

選挙人制度が抱える問題 112
トランプ氏の支持者層とは 115
トランプ2・0の人事について 116
トランプ氏がやりたい政策とは 117
インフレ抑制法のゆくえ 120
共和党は一枚岩なのか 121
トランプ氏の、日本や北朝鮮への対応 122
台湾有事に何をするのか 123
世論調査は間違えたのか 125
大統領選におけるメディアの立ち位置 127

第3章

エネルギー、気候変動に関する13の問い

129

寺澤達也◆日本エネルギー経済研究所理事長

米国の化石燃料は増えるのか 130

米国のＬＮＧ供給について 132
燃料価格全体への影響 136
トランプ氏のＥＶ政策について 138
トランプ氏の再生可能エネルギー、原子力へのスタンス① 140
エネルギーを巡るトランプ氏の政策と日本の留意点 143

高村ゆかり◆東大未来ビジョン研究センター教授

トランプ２・０で「環境重視」はどうなるか 146
インフレ抑制法と投資について 147
トランプ政権での気候変動・環境の取り組み 150
日本企業が注目すべきこと 151
トランプ氏の「４年間」をどう見るか 153
トランプ氏の再生可能エネルギー、原子力へのスタンス② 154
トランプ２・０による日本のＧＸへの影響 156

第4章 金融・マーケットに関する24の問い

161

木内登英◈野村総合研究所エグゼクティブ・エコノミスト

トランプ2・0の金融市場とは 162
米国大型減税の効果は 164
FRB利下げによる影響は 165
なぜ結局ドル高に 167
トランプ氏の関税の波及効果 169
日本の為替への影響は 170
日本の政治的不安定と金融 173
ウクライナ戦争と金融 175
日本との貿易摩擦は再び起きるのか 177
トランプ氏の政策が中国に与える影響 178

大槻奈那◈ピクテ・ジャパン シニア・フェロー

米国は軟着陸できるのか 181

長期金利のゆくえ 183
移民と労働市場 184
中国引き締めと物価 185
株価への影響について 186
USスチールへの対応について 187
自民党と共和党政権の相性 188
日本のNISAはどう影響するか 189
AI投資が日本で遅れている件について 191
暗号資産の活況について 192
デジタルドルの進展 193
製造業への影響 194
株式市場はどうなるか 195
日本と世界を見るための注意点 196

第5章 中国・台湾有事に関する13の問い

201

中澤克二◈日本経済新聞編集委員兼論説委員

中国が見るトランプ政権　202
トランプ関税の是非　204
中国の介入はあったのか　205
トランプ氏と習近平氏の政治の時間軸　206
中国の懐柔は　207
トランプ氏の閣僚を中国はどう見る　209
中国の安全保障とトランプ氏　211
トランプ氏の対中貿易政策　213
トランプ氏任期中の台湾侵攻　215
「封鎖」訓練をどう見る　216
中ロ朝関係とトランプ氏　217
ロシアの中国への属国化　220
トランプ氏就任で日中関係は　222

第6章

ロシア、ウクライナ、北朝鮮に関する10の問い

227

古川英治◆ジャーナリスト

ウクライナの現状は 228
ウクライナ国民は戦争をどう受け止めているか 230
トランプ氏をロシアはどう見るか 233
プーチン氏とイーロン・マスク氏 234
米国民の対ロ感情 237
ロシアと中国の関係 239
停戦の条件はあるのか 240
北朝鮮兵の加担について 242
ウクライナ国内ではゼレンスキー氏をどうみているか 244
今後のウクライナ戦争の注目点 247

結びにかえて 牛島 信◆弁護士・作家 249

第1章

外交・安保に関する 19の問い

谷内正太郎
富士通フューチャースタディーズ・センター理事長
やち・しょうたろう
外務省総合外交政策局長、官房副長官補、外務次官、内閣官房参与などを経て、2014年に発足した国家安全保障局の初代局長。19年に退任

トランプ2・0の留意点

――トランプ2・0で日本が留意すべきことを3つ教えてください。

「1つ目はトランプ氏が第2期政権で『米国ファースト』『反グローバリズム』といった内向き姿勢を強めることです。経済の面では保護主義的な傾向も加速するでしょう。これはすなわち、米国が戦後築いてきたグローバルリーダーとしての地位からますます後退していくこ

とを意味すると思います。安全保障や経済関係を重視する日本としては米国のそのような政権を相手にしなくてはならないということになります。

2つ目はトランプ氏が持つ『不公平感』です。米国が従来担ってきた国際的な役割や責任について、トランプ氏は『俺たちはやりすぎだった』『負担しすぎだった』という不公平感を持っています。背景には米国の国力や相対的地位の低下という認識があると思います。したがって、日本のような同盟国や友好国に、より大きな負担や責任、犠牲を求めていくでしょう。自分たちが担っていたものを『もっとあなた方が負担すべきだ』という態度で臨んでくるとみています。

3つ目はトランプ大統領が重視するトップレベルのディール（取引）です。トランプ氏は基本的には損得勘定で考える人だと思います。このため『民主主義対権威主義』のような価値観に基づく判断は希薄になるのではないでしょうか。結論として、日本はますます重要さを増す日米同盟を基軸にしつつ、同時に日本としての座標軸をしっかり持つべきです。独立した主権国家として言うべきことは言い、やるべきことはやるという態度をきちんととっていくことが大切です」

――「権威主義対民主主義」のような価値観がないということは中国やロシア、北朝鮮とのディールで、原則にのっとって対応していたこれまでと異なり「何でもあり」の状況になるということを意味しますか。

「そう思っていたほうがいいと思います」

米中接近の可能性は

――いまは例えば中国を相手にした関税政策などで拳を振り上げていますが、突然米中が手を握ることも選択肢としてあり得ますか。

「トランプ氏の場合、その可能性はあると思います。ただ、あるけれども米中対立というのは相当根の深い問題で、大国として米中は本能的に国家同士の覇権争いを続けていくことになると思います。地政学的にみても『大陸国家』や『両生類国家』とも言われる中国と『海洋国家』の米国は基本的に利害関係が対立する部分があります。このためトップリーダーの個性によってその構図が変わることは必ずしもないと思います。さらに、中国の力による一方的な現状変更がいろいろなところで見られるわけですから、そういうものを認めていいのかということもあります。トランプ氏の個性だけでディールをして妥協してしまうというのはそう簡単にできることではないでしょう」

「もちろんトランプ氏は非常に個性の強い人でトップ外交をやっていくと思いますが、外交は一人でやるわけではありません。やはり官僚機構というものもあって、特に国家安全保障担当補佐官や国務長官、国防長官らの意見や世論にも規定される部分はあるので、大統領その人に焦点を合わせすぎて米国外交がこう展開していくだろうと思うのはちょっと単純すぎるのではないかと思います。第1期政権でもトランプ氏は非常に個性豊かな外交を展開しましたが、それでもかなり制約された部分はあるわけです。そういうところはみていかないといけないし、日本としては同盟国との対話はトップレベルが一番大事ですが、それ以外のレベルでもしっかり対話をしていく必要があります」

日米安保条約について

――日米の首脳が変わった場合、首脳同士が顔を合わせてから新たな関係を築くのが通例です。これまでは「日米安全保障条約はこういう条約ですよ」と説明する機会も多かったと思いますが、トランプ氏は関心を示さないように見えます。トランプ氏は現時点で日米安保条約を理解しているでしょうか。

「トランプ氏の認識は日本の安保・防衛について基本的に『フリーライド論』の考え方です。だから日本がどこかから侵略や武力行使、何らかの脅威を受けた場合は『自分で対応しろよ』というのがまず前提にあります。日本は核を持っていないので、そういう足らざる分は同盟国だから助けることはあるにせよ、まずは『自分で対処しろ』と考えているでしょう。例えば北朝鮮から飛んでくるミサイルは日本上空を飛ぶのであればまずは日本が撃ち落としたらどうだという考えです。日米安保条約に基づいて日米同盟があるということはご存じですし、日本が基地や施設を米国に提供し、米国は日本を防衛する義務があるという変則的な同盟関係にあるということも理解しています。それが第何条かまでは知らないかもしれないですが仕組みはご存じで『俺たちは日本が武力攻撃を受けたら助けることになるけど逆はそうじゃないよね』『これはやはりおかしいんじゃないの』という一種の不公平感を持っているということです」

――国家安全保障局長時代、トランプ氏との様々な会合や会談に同席してお感じになったということですか。

「はい、そういうことです」

――2期目も基本的にその考え方に変化はないだろうという見通しですね。

「はい、そのようにみています」

在日米軍の費用負担について

——1期目の時に米軍の駐留経費の増額を日本に迫った問題で、トランプ氏はオペレーション費用を含めるように主張したのですか。

「駐留経費も中身をどこまでご存じなのかはよく分からないですが、例えば1期政権の初期のころ、北朝鮮の核の問題が深刻化したときに米国が空母群を3つ日本海に入れたことがありました。あのときに『あれは日本のために送ったので、あの経費を全部自分たちが持つというのはやはりおかしいだろう』『応分の寄与があってしかるべきだ』と考えていたようです。『いくら出せ』という言い方はしませんでしたが、そういう気持ちはあるということです。米軍の駐留経費について、日本はもはや欧州の主要国と比べても決して見劣りする額ではないわけですし、防衛費そのものも日本は国内総生産（GDP）比2％を目指しています。そこはきちっと説明する必要があります。例えば、駐留する米軍の兵隊の給与も含めて日本がもし払うということになると、これは極端な言い方をすれば米軍を傭兵にするようなものです。日本が経費丸抱えということになるわけで、それはやはり大国としての米国の沽《こ》券《けん》にも関わる話になります。ただもともと気持ち的には不公平感があるので『もっと負担しろよ』という気持ちはあるでしょう」

――トランプ氏の増額要求に日本は応じませんでした。安倍晋三元首相が説明したらトランプ氏が引き下がったのですか。

「安倍さんは各国との比較に加えて、どういうものを負担しているかという話をして『もうギリギリここまでやっているんだよ』という話を具体的にしました。トランプ氏は『あぁ、そうか』という感じでしたね。トランプ氏としては巨額のカネを使って日本に駐留させ、駐在させた若者が場合によっては日本のために命を捨てなくてはならないということを自分たちはやっているわけだから当然日本は応分の負担をすべきだ、という言い方をしています。安倍さんはそこをうまく説明されて『カリフォルニアにいる米軍が日本でやるのと同じことをやる場合、日本にいるときの方があなた方の負担はむしろ少ないんですよ』ということも説明されていました」

――米軍がグアムに引き下がるという話を日本側に言ったとも聞いています。

「具体的にそこまで言ったかどうかは定かでないですが、どうしても日本が負担しないというならもうあなた方は自分でやれといって引き揚げていいよという気持ちはあったかもしれません。ただ我々の方は『大変だ、大変だ』と受け取ったわけではないですね」

――トランプ2・0で似たような展開はあり得ますか。

「同様の要求をされるかもしれません。なので、安倍さんがやったようにきちっと説得力のある説明を丁寧にするべきです。安倍さんとトランプ氏との関係は極めて良好で、おそらく世界のリーダーの中では最もいい関係でしたけど、安倍さんは大変心血を注いでいかにトランプ氏と良好な関係を築いていくかということに知恵を絞っていました。どういうふうにしたらトランプさんに納得してもらえるかも本当に詰めに詰めて各会談に臨んでいました。だから並大抵じゃない努力を安倍さんはしていたわけです」

石破首相との関係

——大統領選後のトランプ氏と石破茂首相との初の電話協議は5分間、通訳を除くと2分30秒でした。

「日本との関係については安倍さんとのいい記憶があると思いますので、日本だから軽くみて時間を短くしたということではなかったと思いますけどね。最初の電話協議ですし、現に日米間にいま大きな懸案があるわけではありませんので」

——トランプ氏と安倍氏との関係では3つのテーマが有効でした。1つ目は西側の首脳が一気に打ち解ける選挙と議会。2つ目は家族。3つ目はゴルフです。トランプ氏との距離を縮めて仲良くなる意味でこの3点は有効だったと考えますか。

「安倍さんについて言えば大変有効でした。トランプさんはまず政治家であり、ビジネスパーソンであるわけですが、それ以上に『血も涙もある人間』だと思うんです。北朝鮮による日本人拉致問題について、彼ほど真剣に取り組んでくれた大統領はいないです。金正恩《キムジョンウン》氏と会談するときも必ず議題に取り上げてやっていましたし、会談が終わるとすぐ安倍さんに報告の電話を入れるくらい真剣にやってこられました。そういうところをしっかり認識しておく必要があります」

「政治家、特にトップリーダーは孤独なんです。孤独な政治家同士として打ち解けて話し合えるような関係を築くことに安倍さんは非常に成功されました。石破さんは石破さんなのでそこをどうしていくかということだと思いますが、胸襟を開いて話すという関係をどう築いていくかを考えるべきでしょう。それから、トランプ氏がいま何を望んでいるのか。何に関心を持っているのかを正確に把握して情報収集もきちっとやって、そのうえでどう対応するかを考えるべきです。石破政権でそういうところに携わる人たちはフル回転して、しっかりと今のトランプさんはどうなんだということを考える必要があります。いま石破さんが慌ててゴルフをするとかそういう話ではありません」

日米中の関係はどうなるのか

――トランプ氏が関税を引き上げれば米国で安いものが手に入らず米国経済に変動が生じるほか、日本に跳ね返ってくることも考えられます。米中、日中、日米の3つの関係はトランプ2・0でどのような変化がありますか。

「前回の経験からすると、確かにトランプ氏は中国に高関税をかけ、逆に中国は米国に報復関税をかけ、関税合戦のようになりました。あの当時は不公正取引や強制的技術移転があるとか、知的所有権の問題があるという理由をつけて貿易バランスの問題で関税をかけたわけですが、日本を含めた同盟国に対して『お前たちも一緒にやれ』というバンドワゴン的な発想をトランプ氏はとらなかった。これは米政府としては非常に珍しいことです。『ディールは俺がやるんだ』という姿勢なので『日本も付き合えよ』という発想はありません。本音で言うと日本は助かった部分があるのです。第2期政権も基本的にはあまり変わらないのではないかとみています。『60％の関税をかける』とか、中国が台湾に侵攻すれば『100％、

200%の関税をかける』といった具合に非常に関税を重視するタイプです。

一般論として言うと、米中関係がよくなると中国は日本に対して冷たくなる傾向にあります。逆に米中がギクシャクすると、中国は多少日本に秋波を送ってきたり、軽度の媚笑《びしょう》作戦を展開してきたりするところがあります。そこがロシアと違うところです。日本が考えるべきなのは米国との関係を重視することを前提としつつ、特に経済関係は国際経済全体に害のない形で一定の関係を維持しておかないと日本経済がもちませんから、そこのバランスを考えながらきちっと外交を展開していくべきです」

――中国からみればトランプ氏の任期は4年で、実質的には中間選挙までの2年間だと考えると、言うことを全部聞いたとしても実行する段階ではトランプ氏が退任しているため、米中のけんかにはならないのではないでしょうか。

「IT（情報技術）やデジタルなどの関係は経済安全保障の問題があるので、その分野の投資は当然ダメでしょう。それ以外の製造業の部分であればいいですが、これも投資の仕方によると思います。例えば日本製鉄によるUSスチールの買収交渉の件では日本に対してすらネガティブですから、中国に対しても是々非々で基本的にはネガティブに対応するとみていた方がよいのではないかと考えています。いまの米国における対中感情はおそらく歴史的にも最も悪く、特に議会は民主党も一致して中国に対して厳しい状況にあります。仮にトランプさんがディールの観点から多少中国に柔軟な態度を示すとしても、議会の方が『それでいいよ』ということにはならない可能性があります」

台湾有事に関するトランプ氏のスタンス

――日本にとって起きたら困るのが台湾有事です。安倍氏は「台湾有事は日本有事」と認識していました。米軍の最高司令官となるトランプ氏はディールには関心があっても安全保障への関心は薄く安保を巡る不安は解消されていません。台湾有事の対処でトランプ氏は信用できますか。

「石破首相にはトランプ氏と会談するときにきちっと説明してもらいたいのですが、台湾の地政学的・地経学的な重要性という点については十分な認識を持ってもらう必要があると思います。はっきり言って、トランプ氏にそういう認識が薄いから説明してあげる必要があるということです。地政学的にいうと、台湾は第一列島線の要の位置にあります。あそこが中国の手に入ると、安全保障環境という点から非常に厳しくなります。半導体生産では特に最先端の半導体は世界のおよそ90%が台湾で製造されているわけですから、地経学的に非常に重要なのです。台湾が中国の手に入ると世界経済が大混乱になるという問題があるので、そこを考えて台湾をしっかりと現状のまま少なくとも維持しておくということは極めて大切です。トランプ氏からは少なくとも報道でみている限りは『台湾は俺たちから半導体を盗んでいったんだ』『だからツケを払え』みたいな次元の議論しか聞こえてこないので、きちっと台湾の位置づけをまず理解してもらわなければなりません」

「バイデン大統領は安全保障の問題について記者会見で、もし武力侵攻が大陸からあった場合は米国が必ず対応すると4回ほど言っているようです。トランプ氏はそういうことはまだ言っていないと思いますが、もし台湾有事ということになれば米国は必ず対応するし、日本やフィリピン、オーストラリアといった国々も米国に協力するというところをしっかりと中国側に認識させておく必要があります。そこに隙があると思うと中国はウクライナのことも考えながら（台湾侵攻に）くる可能性はあると思います。細かい分析をすると、台湾侵攻というのはそう簡単にはないだろうと思いますが、その前提としては米国および日本、その他の国々が台湾を見放すことはないのだと中国にしっかりと認識させておかなければなりません」

――既に演習という名の下に中国は台湾周辺の海峡封鎖訓練をやっています。どこまでやるとトランプ氏がどう反応するかということを確かめるときが近く訪れるのではないでしょうか。トランプ2・0と1・0では台湾の緊張度が大きく異なり、トランプ氏にしっかり認識してもらわないと2・0は東アジアにとってリスクです。

「台湾情勢については中国に対する軍事的な対抗力や抑止力をきちっと築いておくという姿勢が自由民主主義諸国には非常に期待されていると思います。この問題についてはウクライナ戦争もあるので他の北大西洋条約機構（ＮＡＴＯ）諸国、主要国が台湾情勢について従来以上に関心を深めています。皆が台湾に大きな関心を持っているのは大変良いことです。中国の一方的な行動について、国際社会が許容したり黙認したりする状況ではないということを悟らせることは非常に大事だと思います。隙を見せてはならず、中国につけ込む余地を与えてはなりません。こちらもよく考えて、あえて中国を挑発しない。そして毅然とした態度をとる。こういうことだと思いますね」

――バイデン政権時は日米豪にインドを加えた「QUAD（クアッド）」や米英豪の「AUKUS（オーカス）」、日米韓など同盟国を中心とする中国への抑止力となる大きな枠組みをマルチで構成していました。トランプ2・0でも引き継がれるでしょうか。

「米国も官僚機構というのはあるので、政策の継続性や一貫性はあるわけです。それをひっくり返すというのは大統領といえどもかなり大変なことです。何らかの追加の要素を入れていくことはあると思いますが、トランプ氏がその基本構造をひっくり返そうと思うかというとあまりそうはならないのではないかなと思います。ただ、どれくらい熱意を持ってそれを継承していくかは別問題です。もともと同盟関係といったものに対してトランプ氏は冷たいですから。それを強化していくという方向にいってもらいたいのですが、なかなかそうはいかないだろうなと思います。ここもきちっと『大事なんだよ』ということをメッセージとして伝えていく必要があります」

トランプ氏と北朝鮮

――トランプ1・0で拉致問題に熱心に取り組んだのはポジティブなポイントかもしれませんが、原則がないような形で首脳会談をすることはリスクになります。

「第1期政権のときは国家安全保障担当補佐官とも緊密に話をして、最近はあまり使われなくなりましたが『CVID（完全で検証可能かつ不可逆的な非核化）』という原則は簡単に譲ってはいけないと確認しました。例えば『核実験を停止しますから』という条件だけで国交回復まではいかないにしても、何らかの報酬を与えたり、経済的・人的交流を急に深めていくことを許してはいけません。表現は難しいですが、当時は一生懸命後ろでブレーキをかけてもらったり、安倍首相にも協力してもらったりした経緯がありました。あの頃の米国の安全保障会議の人たちは安倍首相を唯一のアンカーと期待していたと思います。我々もなんとかして、おかしな妥協をされないようにと思っていました」

――北朝鮮はトランプ2・0を歓迎すると思いますが、米朝関係でどんな変化が起きると考えますか。

「首脳会談がまたあるかどうかも疑問ですし、もしやったとしても北朝鮮がここまでくると、核開発やミサイル開発にブレーキをかけるとは思えません。存在感もこれだけ持ってきましたし、ウクライナ戦争でのロシアへの協力もあります。金正恩氏としては自分の路線がまさに正しかったと思っているのだと思います。大陸間弾道ミサイル（ＩＣＢＭ）をさらに開発していけば米国もどうしようもないだろうと思っているはずなので『会談して何の話をするの？』というところでしょう。もっとも、北朝鮮は制裁はやめてもらいたいはずですが、いまは軍事産業国家としてそんなに困っているわけではないでしょう」

――トランプ氏が北朝鮮にどう対応するかは日韓にも直撃する問題です。米国があまり強硬な態度をとらないこと自体も誤ったメッセージとなり、核実験を含めた弾道ミサイルの実験頻度も高まるでしょうか。

「頻度が高まるかどうかは分かりませんが、技術を向上させるための努力はこれからも加速度を上げていくでしょう」

ウクライナ戦争との関係

――トランプ氏が大統領選で述べていたウクライナ戦争の停戦は可能ですか。

「もしトランプ氏が『一日で解決する』という発言を実現するとすれば、米国が軍事的な援助を一切やらないという選択肢があるでしょう。ウクライナにとっては大変大きなダメージになります。そうなると他のＮＡＴＯ諸国はどうするのかという問題が出てきます。米国も含めて『援助疲れ』ということは言われており、米国が一抜けたとなると他のＮＡＴＯ諸国にとっても非常に厳しくなり、さらには日本も影響を受けます。日本は基本的に非軍事的な援助ですが、ウクライナの支援だけはともかく頑張るという態度でいけるのか疑問です。米国は共和党が勝って保守傾向が強まり、欧州でも保守傾向が強くなっています。これは援助疲れの実態を表していると思います。保守傾向の人はともかく『ロシアと対立するな』という考えをもっています。そういう状況なので米国がウクライナへの支援を打ち切るとなると非常に状況は厳しいでしょう」

「そもそも論でいくと、国連安全保障理事会の常任理事国で核兵器をもった国が隣の非核保有国にあからさまな国際法違反の侵略を行い、しかも領土を獲得する。さらにロシアがウクライナの中立化やNATOに加盟させないことを約束させるといったことをウクライナにのませて、それを既成事実化することを容認するのであれば『じゃ、台湾はどうなるの?』と他のところに及んできます。『それを認めて良いの?』ということです。それから将来またロシアが同じことを行った場合に歯止めがきかなくなる問題も生じます。ロシアはウクライナ国民もロシア国民も同じ民族なんだという考えですから。今回の戦争で20%の領土を占領したけれど、あと80%の領土が残されていて、非ナチス化と非軍事化を達成するためには次のステップをとるというのは何年か後にあり得るわけです。チェコスロバキアのズデーデン地方をナチス・ドイツに譲った1938年の『ミュンヘン協定』のような融和外交を許していいのかということになります。そういう形での停戦でいいのかというところは米国の中でも問題になると思います。大統領選中は『一日で終わらせる』と言うと『おぉ、トランプやってくれるのか!』と国民は思うわけです。ガザ紛争も『解決します』と言ったので、アラブの人も『それならトランプを応援する』というふうになってしまっている。具体的にその結果がどうなるかを考えるとそう簡単にはいかないことが分かります」

――すぐ停戦しないにしろトランプ氏の大統領任期の4年間、ロシアはウクライナのゼレンスキー大統領を亡命させて傀儡《かいらい》政権を作り、自分たちの意のままにしたいとみられています。

「いまのレベルでも、ともかく支援を続ければウクライナは疲れ果ててはいても必死になってロシアに抵抗するでしょう。いまロシアは23年のウクライナの大攻勢が成功しなかったことが頭にあります。ロシアの地雷や塹壕が堅固にできてしまい、かたやウクライナの方は練度が十分でなく、かつ西側諸国から与えられる武器も使用方法に制約を付けられるという手かせをはめられての闘いでした。ウクライナに対する支援をやめ、兵器操作の指導もやめるということになったらウクライナはじり貧になってくるでしょう」

――北朝鮮の参戦はロシアと北朝鮮の双方に「ウィン・ウィン」の関係なのでしょうか。

「北朝鮮にとってはやはり、ロシアの武器、特に核やミサイルといった先進軍事技術を得たいという思惑はあるでしょう。特殊部隊にとっても実戦を経験するとしないとでは随分違います。そういう意味でも北朝鮮にとっては技術面と実戦面での経験で非常にメリットがあります。もちろん給料ももらえるでしょうからね。ロシアにとっても弾薬や兵器の生産能力には限界があるので、在庫が大量にある北朝鮮から提供してもらえればということだろうと思いますので双方にメリットはあります」

──北朝鮮の軍人が脱北する好機との指摘もある半面、国内の家族が実質的な人質ともいわれ、脱北は現実的には難しいとみられています。

「そこは徹底的に教育しているでしょうし、あまり危なっかしい兵士は送っていないと思います。捕虜になって喜んでいる人も中にはいるかもしれませんが、そんなに大量に脱走するということは期待できないでしょう」

中東の混乱は収まるか

──イスラエルのネタニヤフ首相はトランプ氏に秋波を送っています。中東の混乱は「ネタニヤフ問題」とも言えます。トランプ氏が大統領に就任することで一段とネタニヤフ氏が意を強くして中東がさらに混乱する懸念はありませんか。

「ネタニヤフ氏自身が思っていることとトランプ氏が思っていることは、かなり一致していると思います。すなわちイスラム組織ハマスの勢力を壊滅させて、イランや親イランの民兵組織ヒズボラや武装組織フーシに決定的なダメージを与え、二度と立ち上がれないようにすることをイスラエルにやってもらえると考えているということです。ネタニヤフ氏もバイデン大統領のように制約されないことを期待して、この際やってしまおうという気持ちはあると思います。

ただ実際に能力的にそこまでできるのかは疑問です。イスラエルだけの力で『四正面作戦』をやって本当に壊滅できるのか。仮に相当のダメージを与えても、今度はゲリラ化を招くという問題が出てきます。どこかでイスラエルに矛を収めてもらう必要があるとすれば、米国の対イスラエル支援をどこかの段階で止めるとけん制することになるでしょう。支援を永遠に続けるわけにはいかないですから」

「トランプ氏が何をするか分からないというのは皆思っていることです。彼が独裁者かは別問題ですが、独裁者や強力なリーダーというのは割と言ったことはそのままやるというところがあるようで、トランプ氏もそういう実績はあるわけです。移民対策としてメキシコとの国境に巨大な壁を作ると最初聞いたときは『そんなことできるの？』と思いましたが、非常に高い立派な壁ができていますよね。なので『有言実行』ということだとみています」

――トランプ氏の出方次第で中東、ウクライナ、中国など情勢は混乱が助長されるのではないでしょうか。

「助長までいくかどうかは分かりませんが継続はするでしょう。いまの国際情勢は『分断と対立と混迷』と認識しています。この状況はやはり続くとみたほうがいいと思います。国際社会が国際的な平和と安全と繁栄のためにいい方向に向かう要素があまり見いだせません。

日本もこういう状況ですし、政治が安定して世界のモデルになるような国はどこにもないですね」

トランプ後の世界

――トランプ2・0後の「ポストトランプ」はさらにトランプ氏に似たような人が出てくるのか、もしくは民主党の人がいいということになるのか、どちらに進むと思いますか。

「トランプ2・0の実績と評価次第ですが、トランプ的な人が引き続き出てくるのではないかとみています。民主党は党内に左派と穏健派との対立があるし、穏健派はエリート層が中心です。民主党はもはや労働者を代表しておらず、左派が多数派になるのは考えにくいと思います。共和党でも例えば知日派のアーミテージ元国務副長官のような、オーソドックスな共和党の保守が強力になってくれるといいのですが……。共和党の良心的な人たちはトランプ氏に影響力をそがれて嫌気が差し、外に出てしまった人が多い。なので、どれほど期待できるか分かりません」

「自由や人権、民主主義、法の支配というものが国際秩序の基本的な価値観として維持されることが大切です。国際秩序全体が揺らいでいる状況で、日本はこれらの価値観や考え方が大事だと主張し、法に基づく自由で開かれた国際秩序を訴えて同志国との間で広めていくべきです。米国にしっかりしてくれということは言い続けたうえで、知的なリーダーシップを日本はとっていくべきでしょう。国際政治学者の故・高坂正堯さんが『国家は力の体系であり、利益の体系であり、そして価値の体系である。したがって、国家間の関係はこの3つのレベルの関係が絡み合った複雑な関係である』と述べています。これは非常に大事な基本的な枠組みです。日本は戦後『利益の体系』だけでやってきた経緯があります。そのうち、特に湾岸戦争以降に『それではダメだ』ということで『力の体系』もちゃんと考えないといけないとなり、さらに力だけではなく『価値の体系』もしっかりとコミットしていかなくてはならないという具合に変わってきました」

「こうして見ると、日本は、歩みは遅いですが、国家としてまともな歩みをしているとも言えます。そういうことから、日本は『価値の体系』という軸の中に伝統や文化といったものを守る部分ももちろんありますが、普遍性をもった価値観を大切にし、それを守り、広めていく努力が必要です。そのような日本の知的なリーダーシップは志ある国々の共感と支持を得ていくことになると思います。

いま中国、ロシア、北朝鮮、イランという権威主義の枢軸国家が台頭していますが、それぞれの国の内情を見ると抑圧されて暗殺されている人がたくさんいます。そういう状況に対して『自分たちの国じゃないから関係ない』と言っていていいのかという問題があります。日本はそういうところできちっと主張し、できることはやっていくということが重要になるでしょう。そういうことは米国がグローバルリーダーとしての役割と責任を果たしてくれれば、皆そこに希望とオポチュニティー（機会）を見いだすのではないでしょうか。

戦後、米国というのは憧れの国でしたが、いまそうではなくなってきているので、欧州のような価値観をともにする国と協力しながら、米国の欠けている部分を補っていくことを考えていくべきではないかと考えます」

（24年11月12日）

折木良一
元統合幕僚長
おりき・りょういち
陸上自衛隊の中部方面総監、陸上幕僚長などを歴任。統幕長在任中は東日本大震災での災害派遣を指揮。退官後は防衛省顧問、防衛大臣補佐官を歴任。

日本の安全保障政策の変化について

――2009～12年の幕僚長在職中に東日本大震災が起きて、復旧復興に在日米軍とともにあたりました。

「私は退官してもう12年あまりたちましたが、ものすごく大きな変化に驚いています。端的に申し上げると、日米関係が動かない静から動へとものすごく動きがある。政策や現場の自衛隊。そういう時代になってきました。変化の要因は3つぐらいある。一つは安全保障環境が12年ほど前から、大きく変化をしています。日本を取り巻く北朝鮮、中国、ロシアなどの動きが激しくなってきています。もう一つは、米国の国力や国際的に関与する意欲が低下してきている。相対的にとも言えますが、全体的に下がってきている部分もある気がしています」

「もう一つ大きいのは日本の取り組み。私は民主党政権のときの統幕長ですが、退官後安倍政権になりました。安倍政権は初めて国家安全保障戦略を13年に策定しました。それに基づいて平和安全保障法制が成立し、集団的自衛権の一部見直しもありました。さらに岸田政権の時の2回目の安全保障関連文書3文書の策定。これが日本にとって一番大きな戦略的な展開です。反撃能力を含む抜本的な防衛力の強化や国全体で安全保障に取り組むこと、防衛費を国内総生産（GDP）比2％まで増額すること。これは日米関係に大きな影響を与えた。政策協議から防衛力整備、自衛隊と米軍等との共同訓練にいたるまで、より具体的で実戦的な日米関係が深化し今動いている」

――自衛隊にはいくつかの転機がありました。

「私は自衛隊と安全保障環境のつながりは3つに分けています。昭和の自衛隊、平成の自衛隊、令和の自衛隊とそれぞれの転機があったと思います。13年に国家安全保障戦略が策定されたのは一つの転機だった。それまで我が国には国家安全保障戦略はなく、我が国の防衛は国防の基本方針を理念としてきた。その方針を大転換した。平成の時代の後半は国家として一国だけではなく、それも安全保障・軍事だけではなくて、国際的な視点で国家政策として取り組まなくてはいけないという時代であるという認識の下で、安倍政権は『積極的平和主義』を我が国の国家安全保障の基本理念として方向を示した。それが今も生きていますし、自衛隊の活動も大きく変化しました」

――13年の国家安全保障戦略に「国益」が定められ、政府文書として初めて明記されました。

「国益という言葉が、国民にとってそれまではどちらかというと拒否的に受け止められていたと思います。何かわがままや自分のしたいことをやるという捉え方をした。国益はそういうことではなく、国家として我々の生活をどのようにしてきちんと守って過ごしていけるか、平和と安定、繁栄を目的とするということです。安全保障や軍事、国益とかいう言葉は、戦後、嫌悪や否定されてきた傾向があったが、国家安全保障戦略の策定はその意識を転換する契機となった。国益のために現実の脅威とどう向き合うか、世界の現状を直視することができるようになったと思っています」

――政府は自衛隊の処遇改善にも乗り出しました。

「23年、人材確保、処遇等を焦点とした防衛省の有識者会議のメンバーの一人として防衛省に報告書を出した。今回は石破茂首相のもとで関係閣僚会議を立ち上げて自衛官の処遇などについて取りまとめることになっている。処遇を考えるうえで大切なことは、自衛隊の特殊性を踏まえた上で自衛官にどういうことで誇りを与えるか。国民からどのようにリスペクトしていただけるか。この2つだと思っています。もちろん給与のこともあり、それは高ければ高いほどいいけれども、きちんとした形で自衛隊の特殊性を踏まえた給与体系にする、処遇を考えることを焦点として、今回の首相主導の会議を進めていただきたい」

日米における軍(隊)の違い

――米国では軍への「尊敬」があります。日米の違いをどうみていますか。

「例えば米国内でスーパーに制服を着て行くと子どもたちも含めて"Thank you for your service"と感謝の言葉をかけてくれます。現役の隊員の受け取り方、気持ちの持ち方に違いが出てきます。ハワイで前を走っている乗用車のナンバープレートにあるマークがついていた。退役の軍人のマークです。そういう細かいところができている」

「米軍はずっと戦っている。南北戦争の頃から徐々に支援組織は変化しているが、現在の退役軍人省では28万人ぐらいの職員が働いている。行政府としては国防総省の次に大きいと言われています。年金の問題から住宅ローン、病院もいっぱい抱え、リハビリや、医療サービスまでやっている。大きな組織で現役を辞めてからも、けがをしたり亡くなったりしても遺族を含めて大切にフォローする組織だ。日本と全く違います。現場で命をかけて戦闘する特殊な軍人たちを支えています」

――大統領選でも退役軍人は重みがあります。

「米軍人は自分が支持する政党や政治に関してはあまり触れません。一方で退役軍人省という組織もあり退役した軍人同士のつながりはすごく強いです。もちろん現役もそうですが。よく同じ釜の飯というが、同じような厳しい任務をやってきたというつながり、連帯感が政治に対しても結びつくかもしれません。私見ですが今回の選挙を見て、軍人票がどっちに流れたとかは全然分からないですが、国内が落ち着いている時代にはある程度、政党の支援は固まっていたのではないでしょうか」

――自衛隊は陸海空の運用を一元的に担う統合作戦司令部を発足し、統合作戦司令部は同時に米軍側が再編する統合軍司令部のカウンターパートになります。

「自衛隊は統合作戦司令部を24年度末までに立ち上げることで進んでおり、それに連動しながら、米軍も在日米軍をインド太平洋軍司令官の隷下において統合し、統合作戦司令部を再編成する方向で動いています。まだ、米側が具体的にどういう規模でどこまで権限を与えるかなどまだはっきりしていない。今、現場はどういう調整を進めているか分からないが、やはり大きいのは指揮統制の問題。どちらが指揮権を取るという話ではなく、新しく組織ができるわけですから、日米でどのような指揮統制、調整体制を作り上げるかがまず大きなところでしょう」

安全保障を巡る情報の扱いについて

――安全保障に関する情報公開は慎重にあるべきだとの意見があります。

「もちろんそうです。単に都合が悪いから秘匿するという話ではありません。部隊や隊員の安全を守りながら任務を達成するためには情報の管理は重要なことです。もちろん必要な情報は公開すべきですが。これは国民にもご理解いただけると思います。」

――隊員の命に関わる話なので、そこは慎重に冷静に議論してほしいということですね。

「新しく創設する統合作戦司令部は統合幕僚監部が持っていたオペレーションの分野を担当する。例えば災害派遣、弾道ミサイル対処、サイバーや宇宙対処、海外派遣部隊の運用、米軍等との共同訓練、情報収集など今まで統幕がやっているオペレーションを引き受けることになる」

トランプ氏周辺を固める安全保障の人材について

――トランプ1・0のときは安全保障を巡っては米軍出身者が周りを固め、各国にも安心感がありました。

「トランプ氏が大統領になる前から、いろいろな発言もしていたので、これはだいぶ混乱するだろうなという気持ちはもちろん持っていました。トランプ氏は大統領に就任してから米国の国益を前面に出しながらいろいろなことをやってきました。そして国際協力とか同盟に関して言えば、過去を顧みることなくどちらかと言えば軽視することを繰り返した。例えばパリ協定からの離脱、環太平洋経済連携協定（ＴＰＰ）からの撤退、あるいは同盟国に対する防衛費の大幅増の要求などが繰り返されてきた。その結果として、中国の自国の影響下におこうとする多国間主義、ロシアの勢力圏意識を許してきた。米国がこの10年間、国内が分断し不安定化する中で中国やロシアが自分たちの思うように動けるような態勢をつくってしまったともいえるでしょう」

――トランプ2・0は1・0に比べて危うさが増すと考えますか。

「直感的に言うと増すのではないかと思っている。高官人事も例えばマティスやマクマスターといった軍経験者がいてトランプ大統領に意見を言えるところは言えた。だから更迭されたのだが。今の人事を見てみると、どちらかというと自分への忠誠心があり、自分のやりたいことや言いたいことをサポートしてくれる人たちの集まりだと言われている。そういう関係からすると危うさ、混乱が強まる気がしています」

――民主党大統領候補のハリス氏はトランプ氏について米軍の最高司令官としての資質がないと批判していました。

「経済はディールだと思いますが、安全保障そのものはディールではない。国のスタンスで考えれば主権の問題であり、国民の命も守らなくてはいけない話。そこをディールでやられてはとても不安感を抱くのは他国も国内もそうだと思います」

在日米軍の駐留経費は

――在日米軍の駐留経費を定める特別協定の改定をトランプ次期大統領の任期中に控えている。前政権時に大統領補佐官を務めたボルトン氏は19年にトランプ氏が当時の経費の4・3倍に当たる年間80億ドルほどを求めたと明らかにするなど、また負担増を求める可能性があります。

「新しいトランプ政権になった場合、今言われているのは基地負担の話や防衛費増の話が再燃するのではないかということだ。トランプ１・０のときは大統領になる前に安倍首相が対面で一生懸命、丁寧に説明・協議して、妥当なところに落ち着けさせた。もし今回も基地負担の話があれば、こちらの方できちんと説明をすることが大事です。同盟強靱化予算（思いやり予算）は22～26年を対象にした特別協定があります。少なくとも２０２５年あたりはその改定について話が進む。韓国はタイミングよく数カ月前にその改定を終えた」

「ただ、予算的に言えば、同盟強靱化予算は大体2000億円強あるが、全体として見たときに米軍の駐留関連経費として6500億円ぐらいある。だから、日本の負担率は他の国に比べると、決して低くはなくて、高い方。そのところをデータ的に見せて説明することはものすごく大事なことだし、個人的にはこれ以上負担する必要はないと思っています。政府はいろいろな要因もあるので負担率の明確な数字は出さないが、日本は今までも真摯に取り組んできたし、きちんと説明・協議し理解を求めることが先決です」

ウクライナ侵略に対するトランプ氏の姿勢

――ロシアの侵略を受けているウクライナへの支援について、トランプ氏は支援を継続することに懐疑的な姿勢をこれまで示してきました。大統領就任後、24時間で戦争を終結させるという発言もありました。

「24時間で終結するというのは極端な言い方で、それはもう皆さん分かっている通り。戦争が始まって終結させるのは、ものすごくエネルギーがいる。停戦をする要領から始まるが、関係国が納得をしなくてはいけない話だし、簡単なものではない。いずれにしても、トランプ氏の24時間以内に終結させるとの意味合いは、支援しない、支援を削減することだと思います」

「バイデン大統領とトランプ氏は会談したが、その中でバイデン大統領がウクライナ支援は大事だとコメントした。ウクライナの戦争を不安定な中で終わらせてしまうことは、よく言われるように東アジアに対しても連動しているわけで、それは米国の欧州・アジアの同盟国に対する信頼性の低下になる。またアジア正面を考えたときには、朝鮮半島、南・東シナ海情勢等について、我々にとってみれば北朝鮮・中国に深刻なシグナルを与えることになる」

――米軍の駐留経費の話です。トランプ1・0のときに駐留経費ではなく、オペレーションの経費も求めました。

「基地経費負担といった話は今のところは上がっていないと認識している。ただ、これから2・0に近づくにしたがって、外交・安全保障を考えたときに、そういう話もまた出てくる可能性は十分ある」

――ロシアのウクライナ侵略でトランプ氏が言っている停戦はロシアのプーチン大統領の意向に沿った停戦になるとみられています。米国でそれが理解されると考えますか。

「私は今回の選挙の結果などを見れば、国民レベルでは圧倒的にとは言えないが、米国民は理解するのではないかという気がしている。米国内はもちろん世界全体を見ても外交・安全保障を考えている人にとっては堪えられない話で、きちんとした形でウクライナ支援を継続しなくてはいけないとの思いが強いと思う。トランプ氏が大統領になって本格的にウクライナ支援がトーンダウンするとなったときに、思ったより多数の国民がそれに同意するのではないかと心配している」

同盟国との関係はどうなる

――トランプ氏は米国第一主義を掲げ、同盟国との関係にも懐疑的に映ります。

「バイデン政権は逆に言えば米国の力が低下してきたことをある程度前提にしながら同盟関係を重視してきたし、多国間を重視してきた。本来はそういう流れであるべきだと思っている。またトランプ2・0では同盟関係を軽視し、二国間ディールに傾くという話がある。それは米国そのものの力が落ちていくことに直結していくことだと思う。ただ、それが事実であるとすると、我々がどうすべきかとの話になってくる。我々は一国だけではどうしようもないことは、厳しい国際的な安全保障環境の中で当然理解している話で、多国間関係はこれからも強化していかなくてはいけない。日本は多国間関係の強化のために主導的に参加するとともに、必要な橋渡しをすることにいっそう努力しなくてはいけない」

――トランプ氏の大統領任期は4年で、実質的には中間選挙までの2年ではないかとみています。

「周りの環境が変わるときこそ、右往左往しないことは大事で、腰を据えて戦略的に考えなくてはいけない。そして多くの同志国の間で協議・連携して、リスクに対応していくことが大事です。トランプ政権は4年だ。中国の習近平国家主席やプーチン大統領は、何年でもまだ健康な限りやりそうな感じだ。そうするとトランプ氏は中ロとディールのつもりかもしれないが、プーチン氏や習氏はもっと長期的視点から賢いディールをやって、自分たちに都合の良い国際秩序を構築することを考えていくかもしれない」

今後の日米安全保障について

――24年から日米防衛産業協力取得維持整備定期協議（DICAS）で、日本での米軍艦艇・航空機の修理やミサイルの共同生産などについて議論を始めています。

「24年1月に米国では国家防衛産業戦略を策定して、そのもとで始めようとしているわけです。その契機はウクライナ戦争の教訓だ。ウクライナだけでは当然ながら装備品や武器弾薬も含めて対応できない。欧米の支援にも限界があります。多国間や2国間でやらなくてはいけないとの戦略的な発想があり、米国が国家防衛産業戦略を打ち立てた今、日米間の定期協議が2回始まっている。装備面での協力は一般的な流れとしてやっていかなくてはいけない。日米同盟の実効性、何かあったときに対応していける効果は十分にある」

「一方で、日本の防衛産業の現状を考える必要がある。日本の防衛産業は大企業の中の事業部の一つだ。三菱重工の売り上げに占める割合は10％ぐらいだ。防衛産業は防衛費が伸びて、自衛隊の防衛力を抜本的に強化するための装備品製造を達成するために、精いっぱいやっている。新たな施策にどこまで対応できるかという可能性の部分もしっかり見なければいけません。もう一つは日本の場合は特に防衛関連で企業の収益を伸ばそうという企業マインドはかなり薄いと思います」

「政府がどうやって支援していくかという形をとらない限り、協議している案件は進まない。米国の艦艇・航空機整備も重要であり態勢を整えて平時にきちんと支援していくことは非常に良いことだが、有事になったときに日本の需要が増えてくる。そのときに柔軟に切り替えてやれるか。いずれにしても日米の継戦能力や実効性を上げるためには前向きに取り組まなくてはいけないし、一つのきっかけとして防衛産業が取りかかってくれる一つのインセンティブ、結節にはなると思う。しっかり議論していただいて、単なる米国の下請けではなく互恵関係を増進し、日本のためになるように進めてもらいたい」

――防衛産業の成長は日本経済においても技術革新への好機でもあり、重要です。

「根っこのところは研究開発だ。国家安全保障戦略の中で重視している４分野の中の一つが研究開発で、今まで防衛省だけでやってきた先端技術の開発を各省庁が協力して、防衛省のニーズに応えていこうと。従来は軍の開発した技術から民間にスピンオフすることが大きな流れだったが、今は民間の技術力がかなり進んでいて、民の技術を軍事に活用する時代になっている。現在はデュアルユース（軍民両用）な社会になってきているので、官民が連携した柔軟な研究開発が重要であり、しかも自衛隊にとっては技術の活用は直接にオペレーションにつながります。これから官民連携をしっかり進めなくてはいけないし、国もその方向に向いていています」

——抑止力の根幹の一つは経済力です。装備移転3原則とその運用指針の改正に関する提言をまとめました。

「谷内氏のもとで21年以来、3回提言書を出してきました。1回目は装備行政の全般的な構成の中で装備移転は非常に大事だと。2回目はなかなか進まないからどこを具体的にやればいいという話。今までは国全体として装備移転はできてなかったので、ノウハウも何もない。政府が先導して引っ張らなくてはいけない。司令塔がいる。独立した機構を作って、その組織のもとで企業と一緒になって進めていくということです」

「3回目は23年12月に防衛装備移転3原則と運用指針の見直しがあり、ライセンス国産品の部品や完成品も移転が可能になるなど、ものすごく進んだ。ただ、依然として救難、輸送、警戒、監視、掃海の5類型の制約が維持され、他の装備品は移転できない。3回目の提言はこの5類型を撤廃することを焦点に提言をさせてもらった。この見直しの中で、ますます厳しい安全保障環境に対応するため、日本の安全保障にとって防衛装備移転3原則とその運用指針は、戦略的かつ政策的な手段だと意義を明確にしました。それならば3原則は守りつつも運用指針で示す5類型は撤廃して、本当の意味合いで包括的で可能な装備移転を積極的に推進すべきだという提言を出した」

――欧州の存在は日本の安全保障上、どういう意味をこれから持ってきますか。

「グローバル化は歴史の流れだ。これは経済だけではなく、軍事や技術もそうだ。安全保障情勢そのものも連動している。その前提に立ったときに、欧州で起こることは東アジアで起こる。東アジアで起こることは欧州でも起こるということだ。一つの常識的な関係になってきた。そこで安全保障上、危機的な情勢を抑止するため、日本と欧州はお互いに連携していくことがこれからより重要になる」

（24年11月14日）

第2章

米国政治に関する21の問い

ケント・E・カルダー
米ジョンズ・ホプキンス大高等国際問題研究大学院(SAIS)副学長
けんと・E・かるだー
SAIS付属ライシャワー東アジア研究センター長。米戦略国際問題研究所(CSIS)日本部長や駐日米大使特別補佐官などを歴任

トランプ氏圧勝の理由は

──米国の世論調査は大統領選について終始接戦と報じてきました。結果はトランプ氏の圧勝でした。この齟齬《そご》はなぜ起きたのでしょうか。

「トランプ氏は揺るぎない勝利を果たし、有権者の一般投票で多数を獲得しました。ただ『地滑り的勝利』とまで表現するのは言いすぎでしょう。選挙人は全米で538人のうち過

半を大きく上回る312人を獲得しましたが、一般投票は50%をわずかに超えただけで、圧倒的と言えるほどの勝利ではありませんでした。大方の予想より2~3ポイント高い結果でした」

「マイノリティー（少数派）の男性、特に大都市に住んでいるヒスパニック系やアフリカ系の男性が、予想されていたほどハリス氏に票を入れなかったことが、齟齬が生じた最も重要なポイントです。女性への差別的な意識が働いた可能性や、ハリス氏の経済政策が不足していたこともあるでしょう。中絶などに関するハリス氏のメッセージは、女性にとっては説得力がありました。ただ、マイノリティーの間では男女の格差が顕著であり、想定ほどハリス氏を支持する票が集まりませんでした」

――米国の世論調査が間違えるのは2016年に続き2回目です。もう米国の世論調査は信用できないのではありませんか。

「トランプ氏の世論調査に関しては、懐疑的になるべき理由がいくつかありそうです。彼は非常に挑発的な姿勢で自分の考えをはっきりと語ります。トランプ氏はブルーカラーの有権者や反体制的な有権者に強く訴えかけ、大学教育を受けた有権者へのアピールは弱い。しかし、大学教育を受けた有権者の多くは、トランプ氏が減税やビジネスパーソンにとって魅力的な市場志向の政策を提案しているという経済的な理由で彼に投票します。より高い教育を受けた人々は、彼を支持することを認めるのは恥ずかしいかもしれませんが、支持することは彼らの利益になるのです」

――世論調査のミスは「隠れトランプ」を米国の世論調査が掬いきれなかったことでしょうか。

「その通りだと思います。隠れトランプ支持者は常に存在しており、2016年と今が最も多い。大統領選に敗れた20年当時はトランプ氏が大統領であったため、隠れ支持者で通し続けるのは難しかったようです。トランプ氏は大統領任期中、2度にわたって議会から弾劾訴追されました。物議を醸す人物なので、一定の人々は彼を支持していることを認めたがらず、静かに支えているのです」

――米国メディアの多くはリベラルの立場をとります。リベラルバイアスも、選挙を予測する際に間違う要因ではありませんか。

「おそらくそれは事実でしょう。おっしゃる通り、メディアは比較的リベラルなので、人々は反対の意見を言いたがりません。少数派の権利擁護など社会正義を主張する「ウォーク（woke）・リベラリズム」への不満があります。特定の利益集団のためのリベラリズムが反発を呼び、今回のトランプ氏は２０１６年よりも強さがさらに顕著になったのです」

米国民の「道徳的価値」について

――トランプ氏の勝利は米国国民が選挙戦で道徳的な価値をあまり重視しなかった結果ですか。

「そうとも言えますが、同意はしかねます。トランプ氏に投票する人たちは、彼らなりの道徳的価値観を代表していると考えています。例えば、彼らが最高裁判事の選択について賛成するのは、保守派の考えが好きだからです」

「不思議なことに、原理主義的な宗教団体の多くはトランプ氏を支持しています。トランプ氏の道徳的基準は議論の的であるにもかかわらず、トランプ氏がイスラエルを支援していることが理由です。聖書の予言通り、終末の日の前にイスラエルを支える必要があると信じています。そのため、一部の人たちから見ればトランプ氏はリベラルメディアよりも道徳的な世界観を体現しているのです。トランプ氏が複数のスキャンダルで告発され、実際に有罪判決を受けているので、不思議に見えることは分かります。彼は2度弾劾されましたが、支持者たちからみれば彼こそが道徳なのです」

――道徳的な価値は民主主義の根幹だと考えます。道徳的な価値の軽視は民主主義の危機ではありませんか。

「社会に道徳的な基盤が必要だということには同意できます。しかし繰り返すと、トランプ氏の支持層はトランプ氏こそが道徳的な人だと考えています。もう一つ非常に重要なことは、ハリス氏への幻滅があったと思います。多くの人が彼女に不満を抱いた。両陣営に不満を抱いている人たちのおそらく大多数が、最終的にはトランプ支持に傾きました。彼の方が経済問題に対処する能力に優れ、外交政策にも精通していると考えたからです」

――民主主義を守ることよりも「明日のパン」、すなわち「経済」が大事だということでしょうか。

「それはどのような有権者の話かによります。大学教育を受けた有権者の多くは、民主主義を守ることに深い関心を持っています。そのような人々の中には『トランプ氏が民主主義を破壊しようとしている』という民主党の主張が大げさに映る人もいるでしょう。それほど教育を受けていない人たちや、経済の悪化が深刻だと感じている人たちは、一般的に民主主義のような抽象的な問題よりも経済の方がはるかに重要であると考えるのではないでしょうか」

民主党は今後どうなる

――民主党の再生は可能ですか。

「はい、間違いなくできます。民主党は以下のような問題を認識しています。民主党は左に傾きすぎているのではないか？　特定の特権階級を強く優遇するあまり、多くの国民を疎外しているのではないか？　いわゆる『ウォーク・リベラリズム』は特定の利益集団や特別な主張をする人々を優遇しているのではないか？と」

――民主党については「エリートの党になった」「極端な左派が党内を混乱させている」といった様々な声が聞こえてきます。

「それはどの地域の話であるかによりますね。先ほどの話に戻りますが、今回の選挙は1984年のロナルド・レーガン氏のような地滑り的勝利ではありませんでした。共和党にとっては2004年のジョージ・W・ブッシュ氏以来の勝利であり、全体が極端な結果だったとは言えないと思います」

「ミシガン州やペンシルベニア州の周辺で働くブルーカラーの労働者やマイノリティーの有権者たちは、なぜインド系黒人女性の大統領候補が必要なのか分からないと考えました。トランプが大差で勝利したわけではなく、彼らは苦境の経済に対処する政策を持たないハリス氏を正当な候補とみなしませんでした。経済はマクロでみれば比較的うまくいっていますが、グローバリゼーションの波を受けるミシガンやペンシルベニアの人々にはトランプ氏の訴えが響いたのです。ハリス氏は彼らが直面する困難への答えを示すことができませんでした」

――バーニー・サンダース氏のような米民主党の左派は、国内には全く浸透していません。

「その通りです。ただ、2020年のサンダース氏は非常に強かったです。サンダース氏が民主党候補になることは容易だったと思いますが、民主党の一部の右派、特に経済界に近い人たちは彼のポピュリスト（大衆迎合主義）的な政策は極端すぎると感じていました。そこで、サンダース氏が候補となるのを阻止するためにバイデン氏が選ばれた経緯があります」

「黒人男性が警官に絞殺された事件を踏まえ、バイデン氏はアフリカ系の女性副大統領を選ぶ必要があると感じ、通常とは異なる手続きでカマラ・ハリス氏を選びました。今回の大統領選でもハリス氏は予備選を経ることなく、バイデン氏がその座を譲るという形で大統領候補に選ばれました。こうした状況が民主党の敗北につながったのだと思います。党の重鎮であるナンシー・ペロシ元下院議長らは実際にそう言っています。だから私は、これが民主党の終わりを意味するとは思いません。民主党は20年に大統領候補と副大統領候補を選ぶ際に重大なミスを犯したということです」

バイデン氏の功罪

——私（吉野）は2016年にヒラリー・クリントン氏がトランプ氏に敗れたのが民主党の没落の始まりだったと感じています。

「ある意味ではその通りですが、それだけではありません。間違いのない事実は、トランプ氏が民主党がとても太刀打ちできないような路線と主張を生み出したという点です。米国の労働組合は20年以上にわたって衰退が続き、民主党は様々な少数派集団、いわゆるウォーク・リベラリズムに傾きました。民主党が左傾化する中、トランプ氏は特に白人の労働者階級の有権者に向けて訴えかけたのです」

「もしヒラリー氏が大統領に就いて8年間続けていたら、トランプ氏にチャンスはなかったでしょう。トランプ氏の魅力は労働者階級の幻滅によって醸成されてきたものだからです。

1992年の共和党候補選びで保守派の論客、パット・ブキャナン氏が登場し、次に2010年に保守派の草の根運動『茶会党（ティーパーティー）』が起こり、16年についにトランプ大統領が誕生しました。圧倒的だったウォール街の共和党支持層が徐々に衰退し、ポピュリストの支持層が台頭してきた歴史があります。共和党はグローバリゼーションに不満を持つ人々を拾い上げているのです。バイデン氏はトランプ氏に勝利しましたが、それをもって彼の役割は終わっていたのです」

「バイデン氏は多くの人に『新しいフランクリン・ルーズベルトだ』『これこそニューディールの到来だ』と言われて勇気づけられたと思います。バイデン氏が犯した重大な政治的ミスは、それが明らかになるまでに時間を要しました。世界が新型コロナウイルス禍から脱却しつつあったとき、国民は思っていた以上に貯蓄を持っていたにもかかわらず、彼は多くの中流階級の人々に現金を支給し、大勢の学生のローンを免除しました。ところが、この政策が深刻なインフレを引き起こしてしまったのです」

「経済成長を促進させた功績もあります。例えば、台湾の半導体メーカーや韓国のサムスン電子のような外資系企業のインフラ投資は、共和党の多くも支持しました。問題はそれがインフレを招いたことです。物価上昇の抑制と気候変動対策の進展を狙ったインフレ抑制法（ＩＲＡ）も。意図は前向きでしたが評価にはつながりませんでした」

共和党の先を読む

――「トランプ後」の共和党はどうなるでしょうか。

「非常にいい質問です。もし大統領選直後に聞かれたら、１期目の政権でトランプ氏を支えたニッキー・ヘイリー元国連大使やマイク・ポンペオ元国務長官のような人々が再び現れるだろうと答えたと思います。そういう人たちがウォール街やグローバリストの支持層を復活させるかもしれないからです。しかし、トランプ氏と彼の息子であるドナルド・ジュニア氏の影響が大きく働いています。彼らはウォール街など、多くの市場志向の共和党支持層を切り捨てています。

『ＭＡＧＡ（米国を再び偉大に）』のスローガンに象徴される内向き志向が強くなる可能性があるとみています。ポピュリストで偏狭な人たちのことです。ただし、国務長官に指名されたマルコ・ルビオ上院議員や起業家のイーロン・マスク氏のような人たちは、副大統領のJ・D・バンス氏やトランプ・ジュニア氏のようなポピュリスト路線とは一線を画しているように見えます。このため政権内であつれきが生まれるかもしれません」

――私の理解では、伝統的な共和党はトランプ氏の路線とは全く異なります。

「『イエス』でもあり『ノー』でもあります。共和党はトランプ大統領の後に続く人たちを生み出そうと懸命に努力しています。バンス氏の副大統領への起用はその一環だと考えています。ヘイリー氏とポンペオ氏にポストを与えなかったこともその一環といえます。例えば第1期政権で米通商代表部（USTR）代表を務めたロバート・ライトハイザー氏が通商政策を担えば、MAGA路線を強化することにつながるでしょう」

「懸念は国内産業の強化による実現を目指している点です。国際的な投資の役割はどうなのかという疑問があります。USスチールの買収計画を巡る問題はその一例です。これからもっと多くの事例が出てくるでしょう。少数の国内企業の力だけで米国を再び偉大な国にできるのか、大いに疑わしいと言えます」

トランプ氏の外向きの動きについて

――トランプ政権の任期は4年です。中国などは様々な政策を繰り出して「トランプ流」に耐えようとするのではないかとみていますが、いかがでしょうか。

「国際経済や国際政治の圧力は、そのような方向に向かうと思います。歴史的に米国の政策は、国際的な現実に適応しようとするものであり、他の国よりも市場志向が強いのです。MAGAとは単に少数の国内企業によって、米国を再び偉大な国にしようというスローガンです」

「技術の面で米国は衰えておらず、世界的な競争力を維持していますが、産業基盤に目を向けるとどうでしょうか。トランプ氏と近い実業家のイーロン・マスク氏は、私たちに新しい自動車産業や新しい宇宙産業を与えてくれました。宇宙における米国の強みを利用したのです。もしマスク氏のパラダイムが完全に国内向けだと考えているとしたら、それは誤った認識です。彼が建てた巨大電池工場「ギガファクトリー」は中国・上海にあります。つまりそれは「新しいパラダイム」と言えます。米国を再び偉大にするためには、いくつかのパラダイムがありますが、国際的な投資はその一部でなければならず、マスク氏だけでは十分ではありません」

――その政治に最も重要なのは時間でしょうか。トランプ氏の任期は４年だけです。

「そう、４年しかありません。私は政治がどう動くかは、世界の市場原理が決定することだと信じています。おかしな状況になっているのは、彼らが米国の経済の機能をより国内志向的で保護主義的な国に変えようとする政治力を生んでいることです。それはＭＡＧＡの夢が望むような形ではないと思いますし、マスク氏に象徴されるような国際的で市場志向的なパラダイムであるとも思いません。マスク氏は政治よりも市場を通じて成功した人物です」

「保護主義的な政策や関税障壁といったトランプ氏のパラダイムが、米国が直面する問題やラストベルト（さびた工業地帯）と呼ばれるペンシルベニア州やミシガン州、ウィスコンシン州の問題を解決するとは思いません。しかし、彼らはラストベルトの復興を目指しています。副大統領に就くＪ・Ｄ・バンス氏が育ったラストベルトは衰退したままであり、コアな

ＭＡＧＡ支持者たちはその地域を復興させる必要性を強く感じています。ただ、それは高い関税障壁を設けるだけでは成し遂げることはできません」

米国から見た、トランプ氏と日本の関係

――日本がトランプ大統領に対して留意すべき3つの点を指摘してください。

「第1にトランプ大統領には2年ほどの時間しかないということです。関税の壁は一人では解決はできず、国際的な協力が必要です。2点目は、日本はＭＡＧＡのスローガンに合致する協力が可能であるということです。米国を再び偉大な国にするというのは、製造業が集積するペンシルベニアなど『ラストベルト』を再び偉大にするということです。そのために日米は国際協力銀行（ＪＢＩＣ）を通じた重要な協力ができると考えます」

「ＪＢＩＣはボトルネックである高速鉄道などのインフラや液化天然ガス（ＬＮＧ）輸送の整備に資金を提供できます。資金規模だけでなく、様々な資金調達を組み合わせてリスク要因も減らせます。米国開発金融公社（ＤＦＣ）と協力し、プロジェクトに保険を提供するこ

とも可能です。これはサプライチェーン（供給網）の問題でもあるのです。ルイジアナ州からLNGをバングラデシュや東欧のリトアニアに送ることで、ロシアへの依存度を下げることができます。トランプ大統領にとっては魅力的なアイデアでしょう。こうした取り組みに関心のあるウィリアム・ハガティ前駐日大使は、また戻ってくるかもしれません」

「したがって、地政学的な問題での日米協力が3つ目のポイントです。日本はトランプ大統領にとって最も協力しやすい国といえるのです。日本の投資はすでに米国に入っています。中国やトルドー政権下のカナダ、シェインバウム政権下のメキシコは関税の問題のために難しい。欧州連合（EU）はウクライナ問題を抱えており、フランスは政治が混迷している。ドイツは総選挙を控え、労働党政権の英国はトランプ氏と政治的に距離があります。主要7カ国（G7）の中で米国と日本は誰よりも簡単に協力できるのです。私が思うに日本よりもうまく協力できる国はイスラエルだけでしょう」

――石破茂首相とトランプ氏のケミストリーは合いますか。

「石破さんがいつまで一緒にいられるか疑問はありますが、合うでしょう。石破さんの考え方は、私たちが考える以上にトランプ氏と一致していると思います。例えば、地方再生の政策対話といったことにはトランプ氏も賛成するでしょう。それぞれの支持層にとっても人気のある政策です。彼は閣僚も務めた地方再生の専門家ですから、協力できることはあるはずです」

「もう一つ指摘したいのは、リーダー同士の間にいる人たちについてです。安倍晋三首相の時、米国側はハガティ大使がリーダーと密接に仕事をしていました。ジョージ・W・ブッシュ大統領の場合はリチャード・アーミテージ国務副長官が真ん中にいたわけです。なぜ小泉純一郎首相とブッシュ氏は仲が良かったのでしょう。私は最初の頃を覚えています。経済財政担当相だった竹中平蔵さんと最初の首脳会談に向けた準備をしましたが、首脳同士が協力できるかどうかは分かりませんでした。ブッシュ・小泉の関係だけではありませんし、石破・トランプだけの話でもありません。その中間にいる人たちの問題でもある。その役割を誰が担うのかを見極める必要があるでしょう。国務長官のマルコ・ルビオ氏はおそらくプラスに働く人事だと思います」

（24年11月13日）

グレン・S・フクシマ
米国先端政策研究所上級研究員
ぐれん・S・ふくしま
米通商代表部で日本・中国担当の責任者、日本AT&T副社長、エアバス社の上級副社長、在日米国商工会議所会頭などを歴任

ハリス氏はなぜ負けたのか

――大統領選。トランプ氏が強かったのかハリス氏が弱かったのか、どちらですか。

「両方あると思いますが、基本的にはハリス氏が弱かったと思います。今回の選挙は、もともと『ダブルヘイター』という『トランプ氏もハリス氏も嫌いだ』という有権者が多かったのが特徴です。バイデン氏が24年7月21日に撤退して、ハリス氏が民主党の指名候補者にな

りましたが、彼女は大統領選挙のために使う時間が3カ月しかありませんでした。こうした背景なので、私は基本的にバイデン大統領が23年の時点で撤退し、民主党の予備選という本来のプロセスを経て指名候補者を選んでいれば、より強い候補者が出たはずだと考えています。もし最終的にハリス氏が選ばれたとしても、準備の時間があり、より強力な候補者になれたと思います」

「ハリス氏の場合副大統領だったために、バイデン大統領との距離を取るのが難しく、彼とは差別化すべきところ、それができなかった。時間が3カ月しかなかったことが彼女にとっては不利な条件になってしまい、本来彼女が意図したこと、例えばビジネス界との関係改善等が、できませんでした。基本的にはバイデン氏が居座ったことによって、彼女が戦う期間が3カ月しかなかったというのが彼女を弱い候補者にしてしまったと思います」

バイデン政権はどこで間違えたのか

――バイデン大統領の最大の功績はトランプ氏を破ったことと言われましたけれども、バイデン政権はどこで間違えたんでしょうかね。

「問題は二つあります。経済と移民問題です。経済に関して言いますと、マクロ経済的には米経済も好調で、成長しており、G7（主要7カ国）の中で最も強い経済ですし、失業率も4％と比較的低い。株価も高い。マクロ経済的には良いのですが、実際の有権者の実感から言うと、やはり物価高で、明らかにこの4年間でインフレになり、ガソリンの値段も食料品の値段も全部上がっています。バイデン政権は、物価高に対する対策を取るべきだったのに、その必要性を十分理解していなかったのが問題でした」

「移民問題も重要な対処すべき課題なのにもかかわらず、十分に対処しなかった。数カ月前に両党の穏健派の上院議員たちが対応策の妥協案を作成し、議会に提出する準備をしていました。もしその法案が可決していれば、国境管理も改善したはずなのですが、トランプ氏が共和党の上院議員たちに連絡を取り、法案提出を止めるように頼み、結果的に提出されませんでした。トランプ氏にとっては、バイデン政権に対する『批判材料』がなくなってしまうことが、提出を阻止した理由でした。ですからトランプ氏が、移民問題と経済、両方を上手に選挙戦に利用したことになります」

「もう一つの問題は、今回の選挙戦で、ハリス氏は人工中絶問題に注目し、それが、彼女への女性票と若者票の支持につながると計算したのですが、読みが外れました。2022年の中間選挙のときは、まさに人工中絶問題が注目されており、女性票が伸び、民主党の追い風になりましたが、今回は状況が一変していました。22年6月に最高裁が『49年前の人工中絶は連邦レベルで合法という判決を覆し、合法かの判断は州に委ねる』という判決を下しましたが、それはもう2年以上前の話で、その後いくつかの州が州レベルで人工中絶を合法とする法案を通していて、人工中絶という問題の緊急性と注目度が、2年前に比べて低下してしまっていたというのもハリス氏の計算違いでした」

「また、彼女は『トランプ大統領になったら、米国の民主主義が危険にさらされる。彼は大統領としてふさわしくない』ということを一生懸命伝えようとしましたが、有権者は日常の物価高、移民問題に対処してくれる人の方が、概念的な民主主義を守ることより重要だと判断したのだと思います。そういう戦略のミスもあったと思います」

——民主党の中で、どうして負けたんだ、これから民主党はどうすればいいんだという、いろんな責任のなすりつけ合いがあります。民主党へのいくつかの批判の一つはエリートの党になって、労働組合票ももう共和党に今回流れたんじゃないかと。一方でバーニー・サンダース氏のように極端な主張、急進左派もいます。

「もともと民主党というのは共和党と比べると、多様な意見を持つ人で成り立っています。異なった意見を持っている人たちの集まりが民主党なんですね。今回の選挙での敗北をきっかけに反省し、『何を間違ったか』という原因の内部分析をしています。原因の一つは民主党と共和党の立ち位置の変化です。30年前の時点では、民主党は労働組合や貧困層、教育レベル、所得レベルの低い人たちが支持するリベラルな庶民の味方、共和党は裕福なエリートの人たちが支持する保守の党という立ち位置でした」

「ところが、この20、30年の間に相当変化があり、特に16年の選挙からトランプ氏が以前の民主党の票田であった白人の貧困層、労働組合、教育レベルの低い人たちの支持を得るようになりました。当時、彼は『ヒラリー・クリントン氏という民主党の候補者こそエリートだ。彼女が大統領になっても何も変わらない。現状維持だ』と批判しました。それは右派の共和党トランプ氏からだけではなく、民主党左派のサンダース氏も同様に彼女を批判しました。今後、民主党がまたホワイトハウスを奪還するためには従来の労働者、庶民といったエリートではない層の支持が必要不可欠です。従って、民主党内では、これからどうすればその層の支持をまた獲得できるかという議論が展開していくはずです」

――１９９３年に大統領になったビル・クリントン氏はニュー・デモクラッツと呼ばれて、新たな民主党像を示したと称されました。今回の敗北はこの路線が行き詰まったんじゃないかとも指摘されています。

「それはある程度正しいですが、バイデン政権の一つの弱点はビジネス界、経済界との関係を悪化させたことだと思います。クリントン氏のニュー・デモクラッツの一つの特徴は『経済成長をしながら分配をする』という点で、民主党の左派から見ると、あまりにも中道派になり、ビジネス界寄りになりすぎたという批判もありました。92年に初めて民主党の大統領候補者が、それまで共和党の票田だったカリフォルニア州を取りましたが、それがクリントン氏で、その後カリフォルニア州は民主党が強くなっていますが、その一つの要因はシリコンバレーのビジネス界がクリントン氏を支持したからです」

「クリントン夫妻は、私も当時在日米国商工会議所の会頭だったのでよく知っていますが、彼が大統領のとき5回来日し、5回のうち1回は沖縄サミット、1回は小渕恵三氏の葬儀のためでしたが、残りの3回は必ず在日米国商工会議所と会合を持ち、ビジネス界との関係を重要視していました」

「オバマ政権も実はビジネスとの関係が強くて、ビジネス関係者が政権に入っています。しかし、バイデン政権には誰も民間企業の出身者がいません。それはバイデン氏自身が29歳で初当選し、上院議員の仕事を36年間、副大統領を8年間とワシントンでしか仕事の経験がないということで、ビジネスとの関係もありませんし、ビジネス経験者も知らない。その点では、同じ民主党政権でも、クリントン政権、オバマ政権とバイデン政権は対照的です。ニュー・デモクラッツは、民主党の左派から見ると、少しビジネス寄りすぎる政策との見方もありますが、それによってクリントンの民主党が勝ちました」

「イギリスのニュー・レーバーのトニー・ブレア氏も同様です。彼もクリントン氏も少し右に行くことによって、勝った。バイデン氏は完全にビジネス界を無視し、『独禁法を適用して、ＩＴ企業を解体すべきだ』という反ビジネス的な意見を持つカーン氏という人物を連邦取引委員会の委員長にする等、ビジネス界と戦う姿勢を取り、疎外してしまいました」

「イーロン・マスク氏ももともとはオバマ氏を支持していたのが、今は完全にトランプ氏を支持していますし、他の経営者も相当バイデン氏との距離ができてしまい、彼らがトランプ氏を支持することとなってしまいました。ハリス氏は、ビジネス界との関係を回復しようと一生懸命努力したのですが、時間がありませんでした。彼女はカリフォルニア州出身なので、シリコンバレーとの関係があり、夫がハリウッドの弁護士でしたので、ビジネス界との関係もありましたが、それを十分に生かすことができませんでした」

ヒラリーの敗北はいまだに影響しているか

――２０１６年の大統領選でもしヒラリー・クリントンさんが勝っていれば、８年間大統領をやって、トランプ氏の出現そのものを押さえ込めました。16年の敗北が民主党にも大きくのしかかっていませんか。

「全く同感ですね。16年の選挙で私もクリントン候補を応援するために米国に帰国していましたので、かなり詳しく身近で見ていましたが、おっしゃる通りあのときクリントン氏が勝っていたらトランプ氏が登場する機会はなかったと思います。しかし、クリントン氏自身も含めて民主党があまりにも自信過剰で、『まさかトランプ氏のような人が大統領になるはずがない』と彼のことを真面目に扱ってこなかった。これは共和党も同様で、『あんな人が大統領になるはずがない』と思っていて、彼のことを過小評価していました」

「特にラストベルトのブルーウォールで、トランプ氏が、ミシガン州では1万票、ウィスコンシン州は2万2000票、ペンシルベニア州は4万5000票の僅差でしたが、制度的に46の選挙人を全部取ることとなり、3州で勝ったことで、勝利して大統領になりました。ですから、『労働組合が強いラストベルトでは民主党を支持してくれるはずだ』と思い込んでいた民主党の自信過剰があったために、トランプ氏に勝利を譲ってしまうこととなりました」

「もっとも、当時は他にも様々な要因がありました。ロシアの介入があり、クリントン候補に関する不利なフェイクニュースを流し、トランプ氏に有利な情報を流したこともありました。10月の後半にトランプ氏が女性蔑視の発言をしているビデオが流れ、それが注目され、トランプ氏は『いかにも危険な人物だ』という報道があったのですが、ちょうどその騒ぎの最中の、選挙の9日前にコミー米連邦捜査局（ＦＢＩ）長官が、クリントン氏が国務長官のとき『政府関連の電子メールを政府のコンピューターではなくて自分の個人のコンピューターで送受信した』という疑惑の調査を再開すると発表し、その途端、マスコミがトランプ氏の問題からクリントン氏の問題に注目をシフトし、トランプ氏の問題から関心がそれてしまいました」

「そのため、クリントン氏自身が後で『コミー長官によるメール問題再調査の発表がなければ、自分が勝利できた』と言っており、私も正しいと思います。様々な外部要因があったために、クリントン氏が負けましたが、こうした要因がなければ、クリントン氏が勝利し、トランプ氏が登場する機会はなかったということは事実だと思います」

人口動態から見た今後の民主党と共和党

――10年以上前に米国の人口動態で非白人の新生児が多数になり、30年代半ばには米国の全人口の中でも非白人がマジョリティーになると、もう共和党は未来がないというような論評がありました。結果はそうなっていません。人口動態から見たこの民主党と共和党というのはどういうことが言えますか。

「12年の大統領選挙の結果、オバマ氏が再選されたとき、共和党が敗因に関する調査委員会を立ち上げ、3カ月かけてレポートを作成し、13年の3月に発表しました。そのレポートの結論は『これから共和党がまたホワイトハウスを取るためにはもっと開かれた党にならなければならない。今まで白人男性が中心の支持層だったが、これからは女性、黒人、ヒスパニック、アジア系米国人、LGBTQなどに開かれた党になる必要がある。そうしなければ、また勝つことはできない』という結論でした」

「しかし、皮肉なことに、3年後にトランプ氏という真逆の人を選びました。そういう真逆な人を選び、彼が勝ったことで、レポートそのものが全否定されてしまいました。しかし、私は個人的には中長期的に見れば、人口動態によっていずれ米国は、民主党寄りの政策を優先することになると思っています。ただ、時間軸が、特にトランプ氏が16年に勝ったことで逆戻りしたと考えています」

「トランプ氏の岩盤支持層は白人男性ですが、私が知る限り、45年ぐらいには非白人の人口が白人を上回るという予測があり、中長期的に見ると、『反トランプ的』な考えが徐々に米国内で広がると思いますが、ただ時間がかかると考えています。時間はかかるものの、たぶんこの仮説は間違ってはいないと思います」

選挙人制度が抱える問題

――トランプ氏の勝利は民主主義を第二次世界大戦以降、伝道師として広めてきた米国が道徳的な価値を捨てた、もしくはそんなものどうでもいい、という結果に見えます。

「そう見られても仕方がない状態ですが、一つ言えることは選挙人制度の問題です。今回はトランプ氏は一般投票でも取りましたが、そもそも2000年の選挙も16年の選挙も、『過半を超えた候補者が選挙人全員の票を取る』という選挙人制度によって共和党が勝ちました。ですから、私は中長期的には、もし選挙人制度が廃止され、直接選挙、一般投票の結果で大統領を決めるといった選挙制度になれば、変わると思います。変えようというトレンドはあり、民主党はそれを以前から変えようとしていますが、共和党が反対しているために、まだ実現していません。しかし、将来的には、そういう方向に行く可能性はあると思います」

「また、今回の選挙は物価高や移民問題が注目されたことによって、一般投票でもトランプ氏が勝ちました。ハリス氏がさほど強い候補者になれなかったということもありますが、他の今までの選挙の結果を見てみると、私は必ずしも米国の有権者の意思が今回十分反映されたと言えないと考えています。そういう意味では、今後のことを考えると、まだまだ米国が『道徳を捨てた国』にはなっていないと考えています」

「日本も同じかもしれませんが、特に米国の大統領選挙は、選挙時点での経済状況や候補者の偶然性に左右され、結果が決まることがあります。クリントン政権のときの駐日大使だったモンデール氏が私に言ったことでよく覚えているのは、1972年の大統領選挙で、マクガヴァン氏という民主党の上院議員が指名候補者になった時の話です。マクガヴァン氏はベトナム戦争に反対し、有力な支持があった候補者でしたが、あの選挙では50州中49州は全部ニクソン氏がとって、マサチューセッツ州、1州だけしかマクガヴァン氏は勝てなかった。モンデール氏は『その選挙結果を見て、もう私が生きていている間に、民主党がまたホワイトハウスをとる可能性はほぼないと失望したが、わずか4年後の76年の選挙で私は副大統領に就任していた。これだけ米国政治というのは短期的に変わる可能性がある』と言っていました。そのときはウオーターゲート事件で、ニクソン氏が辞任し、フォード氏が大統領になり、その後76年に民主党のカーター氏が勝ちました」

「84年の選挙も民主党のモンデール氏がレーガン氏に挑戦し、彼も自分のミネソタ州1州しか取れませんでしたが、8年後の92年にはクリントン氏が登場して大統領となり、その後民主党政権が8年間続きました。今回はたまたま負けましたが、米国の政治というのは、二大政党ですからね。いずれ必ず、政権交代はおこります。まだ予測するには早すぎるかもしれませんが、2026年の中間選挙、28年の大統領選挙のことを考えると、私は民主党が、もし強い候補者が出馬すれば、民主党の方が勝利する環境ができているのではないかと予測しています」

トランプ氏の支持者層とは

――トランプ支持者は非大学卒で低所得層という特徴があります。米国で反知性的な流れが定着するとの悲観論もあります。

「米国の社会学者も哲学者も『最近はジェンダーとか人種よりむしろ学歴によって政治が決まる。いま民主党がエリートの党になってしまって、共和党が高校卒業以下の人たちの党になっている』と主張しています」

「米国には、歴史教科書を読んでも『反知性的な流れ』というのが歴史的に存在します。しかし、民主党が今回の選挙の結果、反省し、教育レベルが高くない人の支持獲得という宿題を与えられ、どこまでこの問題を解決できるかによって、28年の選挙でまた民主党が政権奪還できるかが決まると思います。16年頃からこうした問題があると認識しながら、本格的な対策を取ろうとしてこなかったことが問題でした」

「もう一つはインテリ層が西海岸、東海岸の大都市に集中し、自分たちの間でしか話をせずに、また、米国のマスコミも、伝統的なマスコミはエリートがジャーナリストになっているので、特に中西部、南部の地方の白人男性で反知性派の反エリート的な人たちの考えを十分理解しようとする努力もしていなかったと思います。民主党にとって、これから真剣に対処すべき重要課題の一つです」

トランプ2・0の人事について

——トランプ1・0では外交安保チームがしっかりしていたと評価されていました。トランプ2・0の人事をどうみていますか。

「1期目はトランプ氏がワシントンの経験がなく、良く知らないということから、ワシントン経験者、特に軍関係の国防長官とか国家安全保障会議（NSC）のトップや、あるいは主席補佐官にワシントン経験者を起用しましたが、今回は全くの好き嫌いというか彼の好み、『お友達内閣』という感じです。知識とか経験ではなく、彼への忠誠心によって決めているようです。ロバート・ケネディ氏という相当問題のある人物を厚生長官に任命するなどしています」

「以前は民主党の下院議員だったギャバード氏という人が、当時はサンダース氏を支持していましたが、その後宗教団体に入って、プーチン氏のことを褒めるようになり、トランプ氏を支持しました。その彼女を国家情報長官室（ＤＮＩ）という情報機関のトップにするとかですね。どうも信じられない人事をしています。あと国防長官も軍の経験はありますが組織を指導した経験がないニュース解説者を、『ただハンサムで話が上手で、テレビ映りがいい』という理由で任命するなど、今回の人事を見ていると、従来の米国では想像できないような人事をしています」

トランプ氏がやりたい政策とは

――政治は国の指導者の持ち時間と思っています。トランプ氏の任期は４年で、中間選挙で大統領選を勝った政党は負けているケースが多いので、実質的に２年だと考えます。この２年の間でトランプ氏が一番やりたいことは何ですか。

「移民問題ではないかと思います。選挙公約の中でも、『移民によって米国が今ダメになっている』という主張をしていますし、有権者の中にも、『移民によって自分たちの生活が脅かされている』と言う人もいるので、彼は移民を規制するはずです。特に南米のメキシコなどからの移民を規制して、国境管理を強化し、何百万人も強制送還すると選挙公約で言いました。強制送還は物理的、あるいは法律上の問題もあるので、どこまで実際にできるかは疑問ですが、彼の一つの優先課題は移民問題だと思います」

「ほかには個人減税、法人減税、あるいは規制撤廃や独禁法の緩和等もありますし、気候変動関係の法律の撤回もあります。パリ協定からは脱退する可能性が高いと思いますし、バイデン政権がやろうとしたことを全部覆すということになるかと思います」

「ただし、以前から、彼は言っていることと実際にやることのギャップがある人です。一例を挙げると、関税を『一律に貿易相手国に対して10％、20％課す、また中国、メキシコには100％課す』と言っていますが、実際には実行が難しい可能性があります。インフレも含めて米国経済に対する悪影響の可能性、貿易相手国からの報復措置等もあるので、実行がどこまで可能かは今後見ていかなければなりません。特定品目に関して、特に中国に対しては関税を引き上げる可能性は大いにありますが、貿易相手国全てに一律の関税を課すというのは難しいと思います。他にも様々な公約はしていますが、実際にどこまで実現するかというのはまだ不明です」

――日本政府が神経を尖らせているのは自動車分野です。

「自動車に関しては、トランプ氏は80年代から、『日本は一方的に輸出ばかりして、米国から輸入してない』という批判を言い続けていることは事実ですが、日本企業も相当米国に投資をしていますし、米国から見ると、今、日本との貿易関連の問題はさほどない状況です。むしろ日本は貿易相手国としてだけではなく、半導体分野においても米国と協力しています」

「また安全保障上も、米国の武器も購入しています。私はトランプ大統領になっても経済面では日本に対して今すぐ何か対応が大きく変わるとは思いません。ただし、中長期的には、やはり『防衛予算は対国内総生産（GDP）比2％では足りない』とか、『3％、4％に引き上げてほしい』とか、『米国の駐留軍の経費の日本負担を増額してほしい』とか、要求してくる可能性はあります。しかし、いきなり『米国への日本車の輸入を今後制限する』というような過激な対応はないのではないでしょうか」

インフレ抑制法のゆくえ

――インフレ抑制法（ＩＲＡ）はどうなるとみますか。

「あの法律はかなり複雑で多様な要素があるので、難しい問題です。まず、法律ですから、変えるのには議会の協力も必要です。また、産業政策的な側面があり、政府の補助金や予算によって米国企業に有利な点もあります。一方、外国企業でも米国に投資した企業は補助金を受けることができるという仕組みなので、トランプ氏がそこは変更する可能性はあります」

「気候変動関係の分野は、トランプ氏や彼の周りの人たちもみんな反対ですから、気候変動対策に関しては覆す可能性が高いですが、ＩＲＡに関しては部分的に修正あるいは撤回をするとは思うものの、法律全体を撤回するとは思いません。なぜなら、米国企業にとっても優遇措置があり、共和党が強い州の企業も恩恵を受けており、プラス面もあるので、法律全体は撤回しないと思いますね」

共和党は一枚岩なのか

――共和党の上院のトップはトランプ氏が推していた議員ではなくて穏健派のスーン氏になりました。

「トランプ氏が希望している上院議員にならなかったということで、共和党が一枚岩ではないことが分かります。とは言え、実際に共和党が『トランプ党』になってしまっていることは事実ですが、必ずしも全部がトランプ支持者でもないので、今大きな問題になっているのは、任命者の議会承認の件です。トランプ氏が任命した人選で、議会承認が必要なのは、閣僚、副長官、次官、次官補、大使、連邦裁判所の判事です。トランプ氏は任命者が議会の承認なしでも仕事につけるようにしたいと希望していますが、これは民主党共和党を問わず上院の権限そのものを奪うことになるので、かなり抵抗があって、難しいのではないかと思います」

「特にスーン氏は、どちらかというと伝統的な共和党のリーダーなので、こういう基本的な仕組みの変更には応じない可能性があると思います。スーン氏になったことによって、トランプ氏は全て自分がやりたいことが必ずしもできない状態になり、議会、特に上院との対立が少しは出てくる可能性があります」

トランプ氏の、日本や北朝鮮への対応

――トランプ2・0で日本が気をつけるべきことは何ですか。

「安全保障分野だと思います。対日経済政策に関しては、トランプ氏がすぐ抜本的に何か変えるとは思いませんが、『防衛予算の増大の話を早くしたい』とか、『金額をもっと上げるべきだ』とか、あるいは『米軍の駐留費の負担増額』、『武器購入の増額』を日本側に迫る可能性はあります。この三点は、トランプ氏が日本に期待する可能性が高いと思います」

「もう一つ言えることは中国との関係です。例えばトランプ政権が中国に対してより厳しい政策、例えば、輸出規制を厳格にし、米国からの輸出あるいは中国からの輸入にも厳しく対応する政策をとる場合に、米国の同盟国にも同様の措置をとるように要求し、日本政府には

日本企業に対して中国への対応を厳格にするようにという要請が出てくる可能性は大いにあります」

「さらに北朝鮮との関係もあります。これもどうなるかが分かりませんが、トランプ氏は金正恩氏を個人的に気に入っているようなので、金氏と直接また会談すると思います。前は、トランプ氏の周りに共和党の伝統的タカ派の安全保障の専門家たちがいたので、トランプ氏もあまり勝手なことはできませんでしたが、今度の国防長官やＮＳＣのトップがどこまでトランプ氏を抑えることができるかは不明です。米国と中国、米国と北朝鮮との関係が変わることによって、直接的ではありませんが、日本も影響を受ける可能性はあります」

台湾有事に何をするのか

――「台湾有事」に際してトランプ政権はきちんと対応できるんだろうかという不安があります。

「これは誰にも分かりません。台湾に関してのトランプ氏の見方は、『台湾は米国から半導体産業を奪った』という発言で分かるように『競合』とみていますが、トランプ氏はご存じのように取引（ディール）が大好きな人なので、習近平氏がトランプ氏に対して台湾を交渉の切り札として何か提案し、『こういう取引をしましょう』と言った場合、トランプ氏がそれにどう反応するかは予測できません」

「現在のワシントンの民主党系だけでなく共和党系も両方、『米国は台湾を守るべきだ』との意見が主流で、バイデン大統領は確か大統領のとき4回、公の場で、『もし中国が武力行使をして台湾を併合しようとする場合には、米国は台湾を守る』と明言しています。毎回ホワイトハウスが『この発言は、米国の中国政策が変わったわけではなく、〝一つの中国〟は依然として政策的には変わってない』と言いながら、『台湾を守る』ということをバイデン氏が言っているんですね」

「トランプ氏が同様の発言をするのかは、疑問ですが、ただ一つだけ最近の人事でプラス要因になる可能性があります。それは、マルコ・ルビオ上院議員が国務長官に起用されるとの報道です。ルビオ氏というのは外交問題に関する権威とか、勉強した人ではありませんが、外交委員会のメンバーではあるし、特に中国に関してかなり厳しい姿勢を取っています」

「16年に彼が来日したときも、尖閣列島に関しては、『日本は尖閣列島を施政権下にあるだけではなく、所有している』ということを『米国政府ははっきり言うべきだ』と言っていて、中国に対して厳しい姿勢でした。彼も国務長官としてどのくらいもつか分かりませんが、彼が国務長官として、ある程度影響力があれば、台湾有事のとき、米国の伝統的な台湾政策の姿勢を継続するかもしれません」

世論調査は間違えたのか

――大統領選について米国の世論調査は接戦と伝えてきました。間違えたのでしょうか。

「世論調査の分析はこれから本格的にすることになると思います。専門家の間でも、今回の世論調査の正確さについては、意見が分かれています」

「米国全体の調査では、一般投票では、だいたい47対45とか、２～３％ぐらいの差でハリス氏が有利だと出ていました。現時点で、今回の世論調査について一つ言えることは、７つの接戦州でも、０・３％から１・２％の僅差であり、統計上の誤差範囲が２％から３％と言われているので、今回の調査では結果の予測は不可能だったということです」

「今回は『結果があまりにも拮抗しているので、予測できない』ということですが、16年までの世論調査は、精度を高めるために毎回改善し、より正確な結果を予測できるようになっていたはずなんですが、トランプ現象というのが一つ大きな要因となり、正確性を確保するのが難しくなっています。例えば、トランプ支持者の中にはもちろん隠れトランプ支持者もいますし、意図的に世論調査には全く答えないとか、あるいは答えても嘘を意図的に言う人もあり、正確な統計がとれなくなりました」

「もう一つは投票率も予測するのが困難になったことです。その理由としては、トランプ氏の場合は、16年の選挙では、以前なら投票しないだろうと思われていた有権者が結構投票し、予測が外れたからです。以前は、あまり政治には関心も期待もしないために投票しなかった白人の教育レベルや所得の低い有権者が、『今回こそトランプ氏だったら何かやってくれるだろう』と考え、彼に投票した人が結構いました。ところが、当時予測の際にそうした有権者を十分にサンプルに入れて計算していなかったので、予測が不正確になったという反省がありました。このように、投票率を予測するのも大変難しいので、世論調査も16年以降、以前ほど信頼できない状態になっています。加えて、ＳＮＳ等のネットメディアも、今回の選挙では、影響力が大きく、さらに、世論調査等の正確さの確保を困難にしました」

大統領選におけるメディアの立ち位置

――米国のリベラルメディアの報じ方の問題も取り上げられています。

「これは難しい問題です。先ほど言いましたように、米国の伝統的なメディア、ニューヨーク・タイムズやワシントンポストのジャーナリスト自身がエリートですから、そういうバイアスが最初からある。前回、トランプ政権になる前から、彼はいわゆる伝統的なメディアを敵視していて、彼のことを批判するような気にいらないジャーナリストを記者会見に入れないとか、報復措置を取るとかすることで、伝統的メディアと敵対関係になっています。そのため、さらに伝統的なマスコミはトランプ氏に対して批判的で、警戒心を持つこととなっています」

「逆にＦＯＸニュース等のトランプ寄りのメディアというのは、トランプ氏に有利な報道しかしないわけですから、マスコミそのものが分断してしまっています。本当の意味での客観的なメディアというのが減ってしまい、それで両極端な報道となり、分断が起きています。その一例は、バイデン氏の息子さんの裁判に関する報道が、ＣＮＮの報道とＦＯＸの報道で全く違います。ＦＯＸはバイデン氏の息子の件を何千回も報道していますが、逆にトランプ氏にとって不利なことは、ほとんど報道しない。残念ながら米国のマスコミでは、中立的な立場を取る機関が減って、やはり分断されています。これは今後改善策を模索すべき重要な課題です」

（24年11月15日）

第3章

エネルギー、気候変動に関する

13の問い

寺澤達也
日本エネルギー経済研究所理事長

てらざわ・たつや
通商産業省(現経済産業省)で通商、産業政策などに携わる。野田内閣で首相秘書官。商務情報政策局長、経済産業審議官などを歴任

米国の化石燃料は増えるのか

──トランプ氏はエネルギー価格を下げるために化石燃料の採掘の拡大を宣言しています。ガソリン価格や地球温暖化への影響をどうご覧になっていますか。

「まずガソリン価格はいろんな政策が関わってくるんです。タイムラグがあるので、短期的には効いてこないと考えます。中長期的に供給が増えるわけですから、石油価格、あるいは

ガス価格については下げる方向に効くのは間違いありません。中東諸国が石油輸出国機構（ＯＰＥＣ）とかＯＰＥＣプラスで供給を絞って値段を上げようということに対して、この米国のシェールガスとかシェールオイルはきっと上値を抑えるという効果では、石油ガス価格の世界的な安定につながるのは間違いありません」

「一方で地球環境問題について言うと、化石燃料が安くなるということで言うと化石燃料が使われることは当然、経済原理としては増えてくるので、二酸化炭素（CO_2）という観点からすると、トランプ氏がいない状況に比べればそれは化石燃料の量が増え、CO_2は相対的には増える。想定以上に減らないっていうことになります」

――どこまで大統領令でできてどこまで議会の案件かはトランプ2・0を見る上で注目です。化石燃料の採掘は議会の案件ではありません。

「行政権限でできます。（トリプルレッドで）ホワイトハウスと上院と下院で全部握るので、ホワイトハウスと議会との対立をそれほど気にしなくてもいい。日本ほど党派拘束は強くないので、トランプ氏の方向からずれることは論理的に考えられますが、トランプ氏の意思に反して離反する共和党議員はあまり出ないと考えます。行政府と議会との間で物事が進まなくなるというケースを今回はあまり考えなくていい」

――独裁型のリーダーというのは言ったことをやろうとします。

「共和党議員も議会で抵抗すると何されるか分からないという意識が強い。その意味で、いろいろな政策が通る可能性は高い。前回は本人も大統領選で当選するとは思っていなかったので準備していなかった。今回は準備期間が4年間あった。人事も早かった。前回は結構、最初にタイムロスがあった。この4年間、トランプ氏にいろんな人たちが様々な政策を用意しているので、前回以上にこの4年間はトランプ氏の思いが実現するのではないでしょうか」

米国のLNG供給について

――米国は液化天然ガス（LNG）の一大産出国です。トランプ氏は供給を増やす考えを示しています。

「バイデン政権と比べて供給が緩和されるのは間違いありません。ロシアは、ウクライナ侵略直前で世界のガスマーケットの25%ぐらいの供給力を持っていました。ロシアへの依存を下げようとするとロシア以外のものが必要になってきます。そんな供給力を持つ国は世界でいうと、カタールと米国しかなかったんです。カタールは中東なのでいろんな問題があることも事実なので、関係者は米国に期待していました。そうした中でバイデン政権はLNGの輸出認可の一時停止を打ち出した。それは民主党の中の環境派にアピールする狙いだった。将来の米国のLNGの供給源としての位置づけに少し疑問符がついた」

「トランプ氏になったことでそのクエスチョンマークはなくなった。ロシアに代替するLNGの供給源としての米国のポジションは安定をするということです。ロシアに代替するLNGの供給源について不安を持っている人たちにとっては、その不安は緩和されますね」

——日本のLNG政策はカタールとの契約打ち切りなど失敗だったとの指摘があります。トランプ氏のLNG緩和は日本にとってもプラス要因ですか。

「LNGという分野に限ってみれば明らかにプラスですよね。米国という大きなオプションが現実に使えてくるわけですから。それはもう日本のＬＮＧの調達においては、不透明感は相当減ったというのは間違いないですね」

――日本は選択肢として米国に傾斜していくということですか。

「もちろんカタールは諦めたわけじゃなくて、一旦契約が切れたんですけれども、カタールに対する契約を関係者はトライしている。諦めたわけではないわけですけれど、米国で民主党政権が続いてＬＮＧ輸出がどうなるか分からないということに比べれば、オプションが広がります」

――カタールと米国の両方のオプションを追求することになりますか。

「米国が不安定だったらカタールに行くしかないわけですけれども、カタールは契約状況も硬直的なんですよね。仕向け地制限をかけたりして、ベストの供給源ではない。米国の場合、そんなうるさいことを言わないものですから、米国のオプションがより安定的に出てくることは日本のＬＮＧ政策にとってはもう明らかにプラスです。日本だけじゃなくて、東南アジアはこれから成長する中で、ガスのニーズが高まってるわけですから、東南アジアの国にとっても、米国からのＬＮＧの供給に安心していられるっていうのはプラス材料ですね」

――米国がそんなにうるさいことを言わないというのは契約期間のことを言っているのですか。

「契約期間もあるんですが特に仕向け地制限ですね。伝統的にカタールや中東の国はそうなんですけれども、このＬＮＧは日本に売るものだから、他に売ってはいけないと制約をかけているわけです。昔はそれでもかまわなかったんですけれど、これから日本のＬＮＧ需要は脱炭素化とか原子力があって、そうしたときに調達を約束したＬＮＧが日本しか使えないと本当に自由度がなくなってくる。不確実性が高まる中で自由度は重要になってくる。カタールより自由度が担保される米国というのは、日本にはいいオプションですよね」

燃料価格全体への影響

――物価高の一因にエネルギー価格の高騰があります。エネルギー全体の価格メカニズムで見た場合、米国がLNGを輸出しやすくなると燃料価格全体の引き下げにもつながりますか。

「それはLNGだけではなくて石油の価格にも効いてきます。LNGの契約というのは原油価格に連動している契約もあれば、米国内のヘンリーハブ先物という国内のガス価格に連動しているものもある。両面に効いているわけですよね。米国でガスが増産され、国内価格が下がれば、米国から出てくるLNG価格は安くなります。米国以外のLNGはだいたい原油価格に連動しています。米国のシェールオイルによって油の価格を抑えられるとその分が安くなります。日本のLNGは米国発もそれ以外のところも相対的には価格が抑えられることになります。日本は引き続き原油は相当輸入しているわけですから、エネルギー価格全体で考えても恩恵があります」

「一点強調しなくてはいけないのは、(ガソリン税の一部を軽減する)トリガー条項の凍結解除に国民民主党が動いていますが、今は全然エネルギー危機ではないんですね。世界は。原油価格も70ドルを切っている。世界は今、エネルギー危機でもないのに、なんで日本がこういうことになっているかというと、ひとえに円安ですよね」

「ちょっと調べたんですけど、トリガー価格160円が決まったのは、2010年の3月頃だったんですけれども、当時の為替レートは90円だったんです。原油価格が75ドルぐらいで日本のガソリン価格130円ぐらいのときに160円と設定したんですけれども、原油価格が75ドルよりも若干下がっている状況なのに、国民民主党がガソリンを下げろと言っているのはもうひとえに為替の影響ですよね。グローバルなエネルギー価格について言うと、トランプ氏の政策というのは値段を抑制する方向に行くのは間違いないんですけれども、日本の国内の消費者からすると、この為替レートがどうなるかというのは、はるかに効いてきますね」

――トランプ2・0は日本の第7次エネルギー基本計画に影響がありますか。

「直接的に効いてくることはないんですけれども、ただエネルギー基本計画と関連するのは次の温暖化ガス排出削減目標（ＮＤＣ）を出す必要があるわけですよね。それはもともと25年2月ぐらいに出したいと日本政府は言ってたんですけれども、これは２０３５年が目標になってるんです。これは明らかにトランプ氏が再登場したということは日本のＮＤＣを出す際の考慮材料にはなりますよね。今回作ろうとしているエネルギー基本計画は40年のエネルギーミックスなんで、間接的には35年のＮＤＣはある程度影響を受けるわけですから、間接的には40年のエネルギーミックスについてもある程度影響はありうるでしょう。ただ直接的な関係ではないです」

トランプ氏のＥＶ政策について

――電気自動車（ＥＶ）政策はどのように変化しますか。

「（米ＥＶ大手テスラを率いる）イーロン・マスク氏のファクターがあるんで読めないんですよ。イーロン・マスクファクターがなければ、内燃機関車に対して規制を強化し、かつＥＶに対して購入クレジットをばんばんばらまく政策というのはラストベルト、ミシガン州とかそういうところを考えると、やめてしまうというのは基本的な理解でした。マスク氏はあれだけ今回勝利に貢献し、トランプ氏の親友みたいになっている中で、テスラを持っているわけですから、EV施策がどうなるかというと、本来のラストベルト対策、アンチ中国というところとマスク氏はどういう組み合わせになるのか。この段階では分からないですね」

「あえて想像すると、内燃機関車に対してはそれほど厳しい規制ではなくなる。労働者を守るためにはトランプ氏はそういう方向になるんでしょう。マスク氏も内燃機関車に対する規制の強化を緩めることについては反対もしづらい」

「問題はEVの購入に対する補助金、これが当然テスラにも影響する。これがどうなるのか正直分からないですね。ただ、ここもあえて想像すると、トランプ氏は中国車が嫌いなわけですから、ものすごく条件を厳しくして、米国で作られる米国のコンテンツは高いEVに限って支援策を続けることはあるかもしれません。正直言って、ミシガン州とか周辺地域の労働者対策というのと、マスク氏という二つをどうバランスするか、唯一の解決策は『俺は中国を叩いたのであって、マスク氏とか米国で作ったクルマを叩いているわけではない』ということになるんじゃないか。ちょっと難しいところですね」

――ＥＶを税控除の対象にするインフレ抑制法（ＩＲＡ）の撤廃が進むと考えますか。

「撤廃されないと思います。共和党の人たちも、いわゆるレッドステーツのところも相当メリットを受けている。あれはエネルギートランジションを推進する面はあるんですけれど、同時に投資促進、雇用促進なんで、企業には歓迎されています。ＩＲＡの大部分は残るのではないでしょうか。ＩＲＡの中で、何がやられるかというと、どういうわけかトランプ氏は風力発電が嫌いなんですよ。風力発電に対する投資促進は犠牲になる可能性は高い。ＥＶに対する購入補助、これが巨額に予算をくっていたので、これはやめるんだろうとみていたんですけれども、マスク氏の影響力で、そこはちょっと分かんなくなってきたのではないでしょうか。マスク氏の影響力と中国ということを考えると、もうギチギチに米国で作ったものに絞って残るんじゃないかなというのが今の想像です」

トランプ氏の再生可能エネルギー、原子力へのスタンス①

――なぜトランプ氏は風力発電には否定的なのですか。

「諸説あって、ゴルフ場の向こうに風力発電所があって、なんだ、けしからんと怒ったという説もあるんですけれど、太陽光については必ずしもそんなに反対ではないんです。でも、風力は嫌いなんですよ、彼は」

――再生可能エネルギー全部が嫌いなわけじゃないということですね。

「別に太陽光推進をしているわけではないんですけれど、表だってノーと言ってないんです。明確にノーだと言っているのは風力なんです。それは論理的じゃないので、さっき言った自分のリゾートの視界をブロックしてとかそういうことではないかとも言われています」

――トランプ氏は水力とか地熱に関する言及はないのですか。

「あまりないですね。水力も米国はそんなにたくさんできるわけではないので。それよりは地熱ですね。地熱は新しい技術が出てきているので、昔は地下に温水がないといけなかったんですけれど、今そういうのは関係なく、地下を掘って、熱いところに水を入れて温めて持ってくるという新しい地熱技術が出てきて、これはデータセンターみたいにベースロード電源が必要で低炭素というお客さんにとって非常に良い。これはやっていくのではないでしょうか」

「地熱の大きいところはロッキー山脈に沿ったところで、基本的に周辺の多くの州は共和党が強い。開発促進という観点からすると彼は地熱を推進するのではないでしょうか。ただ、彼が地熱について何か発言したことは聞いたことないんですけれど、おそらく推進だと思います」

――トランプ氏の原子力に関する立場は。

「特段発言していないですよね。ただこれだけ米国の（テック大手の）ＧＡＦＡとかはデータセンターのために原子力が必要だと言っている中で、それを彼がノーと言うこともない。しゃかりきではないかもしれませんが、ＩＲＡの中には原子力推進策もあるんでそれは維持されると考えます。原子力に反対する人たちというのはトランプ氏の支持者ではないわけですよね。そういうことからすると、現時点ではあまり関心がないかもしれませんが、結果的にサポートするのは原子力かなとも考えます。地熱もそうです」

エネルギーを巡るトランプ氏の政策と日本の留意点

——エネルギー政策を巡るトランプ2・0の留意点を教えてほしいです。

「いろいろあります。今のNDCは3年前に出した。当時はバイデン政権だったので、COP26もあるということで、もう基本的に日本の国内の議論もCO_2を減らす、カーボンニュートラル一色で、その中で世界に対して恥ずかしくない削減をしなきゃいけないということで、2030年46%削減という目標を提示した。それに向けてのエネルギーミックスは相当程度難しい、そういうエネルギーミックスを作ってきたわけですよね。無理をしたということだと思うんですけれども、ここでトランプ氏が登場して、欧米の両サイドから日本が圧力をかけられる状況ではなくなってくる」

「他方で、エネルギートランジションは大きな流れで、その中で日本は戦っていくわけですし、トランプ氏の後はまた流れが戻っていく可能性があるわけですから、日本として、このエネルギートランジションをさぼるとかやめるということは間違いで、そこにおける目標設定に当たっては国益を踏まえた、きちっと現実に即したそうした目標を設定すべきですし、エネルギー基本計画もそれに沿ってやっていく必要があります」

「欧米に左右されてきたNDCとかエネルギー基本計画ではなくて、本当に日本のために必要なものを追求できるスペースができたので、それは欧米がこう言っている、とかではなくて、日本としてこういうことは必要だし、やるべきだし可能だというものを見いだしていく、日本としてちゃんと考えてやっていくことが特に求められているんだろうと思います」

――化石燃料を急激に減らす必要はないということですか。

「日本として必要なエネルギートランジションの道筋をちゃんと確保するということです。それは欧州的な極端な脱炭素ということではなくて、日本の経済と社会活動のバランスをとれた形でそうしたものができるという可能性ですね。Sプラス3E、Sは安全性（Safety）で、3Eというのは環境（Environment）と安定供給（Energy Security）と経済効率性（Economic Efficiency）ということですけれども、3年前は環境のEだけだったわけなんで、それに対してSプラス3Eというのは本当にバランスを持って捉えることができる」

「誤解がないように。再生可能エネルギーは推進すべきだし、これは世界の流れとして再エネなくして日本はサプライチェーンからはじかれるわけなんで、そこをやっていくべきなんです。エネルギーミックスのバランスについては、Sプラス3Eを考えながら、日本の国益に沿ったものを追求するということが可能になるし、そういう形でやっていく必要があります」

（24年11月12日）

高村ゆかり
東大未来ビジョン研究センター教授
たかむら・ゆかり
専門は国際法、環境法。
名古屋大大学院教授などを経て、2019年から現職。
経済産業省、環境省など国の審議会委員を務める

トランプ2・0で「環境重視」はどうなるか

――バイデン政権の掲げた「環境重視」の政策はトランプ2・0で大幅に変わるとみられます。

「2期目のトランプ政権が、バイデン政権が導入した環境規制を全て廃止すると想定した場合、米国の二酸化炭素（CO_2）排出量がかなり増えることを示す予測があります。米マサ

チューセッツ工科大学（ＭＩＴ）などの分析によると、バイデン政権の環境規制が続く場合と比べて、２０３０年までにＣＯ$_2$の累積換算は40億トン増えると推計しています」

「特に、22年に成立したインフレ抑制法（ＩＲＡ）がどうなるかが排出量に与える影響が大きいと思われます。バイデン政権にとって最も重要な気候変動対策であり、30年までに温室効果ガスを05年比で50～52％削減する米国の目標の大半をこれによって達成することが想定されていた法律です。ほかにもメタン規制や燃費規制などが強化されましたが、一番影響が大きいのはインフレ抑制法であるという評価は一致しています」

インフレ抑制法と投資について

――トランプ氏はＩＲＡをどう扱うとみますか。

「インフレ抑制法はクリーンエネルギーを中心に、投資をした企業に税控除を与えるもので、かなりの企業が投資を表明しています。共和党が優位のいわゆる『レッドステート（赤い州）』の方が、民主党の強い『ブルーステート（青い州）』よりもずっと多くの投資の受け入れ先となっています。そのため、このインフレ抑制法を廃止するにしても、実際にはこうした投資促進措置の全てを取りやめることはできないという見方があります」

「排出の多い地域で事業を行うと税控除額が増える制度が盛り込まれていることもあり、2024年3月末までに表明された投資案件はレッドステートがブルーステートの3倍以上で、レッドステートに大きな投資をもたらします。24年の8月には18人の共和党下院議員が、この法令について廃止や改正をする場合でも、民間投資を損なわないように税控除の継続を求める意見書を下院議長に提出しています」

――化石燃料の供給は増加しますか。

「トランプ政権になり、化石燃料の規制がなくなっても、おそらく石炭には戻らないと思います。オバマ政権時だけでなくトランプ政権時にも、石炭は一貫して減っているのです。2005年ごろから、米国の場合はシェールガスがコスト競争力を持っており、市場の原理によってガスが増えて石炭が減るという現象が起きています。市場の原理が働けば石炭がガスを駆逐して増えるということはおそらく起きないでしょう。他方、米国はすでに100%

を超える化石燃料エネルギーの生産をしているエネルギー輸出国です。化石燃料の輸出によって米国外で排出が増えるという状況はあり得えます」

――IRAをどう展望しますか。

「大統領職と上下両院の多数を共和党が占める『トリプルレッド』となり、法律改正や廃止は第1期の時よりも容易になるでしょう。しかしこの法律は、民主党ではなく共和党の地盤に非常に大きな利益をもたらしているので、変えるというインセンティブがどこまで共和党の中で働くかは分かりません。もうひとつはコストの問題で、コスト競争力の点で根本的に決着がついてしまっている。いかに補助金をつけても、石炭に競争力がないような状態になっているのです。特にテキサスなどでは再生エネルギーのコストもかなり下がってきている。政策というよりも市場の原理が、構造的に排出を増やさない要因といえます」

トランプ政権での気候変動・環境の取り組み

――強いリーダーシップを持つ人は自分の言ったことを実現したがります。トランプ1・0では就任して早々、大統領令を乱発しました。議会で法案を成立させる必要がないからです。気候変動を巡る政策については大統領令でほとんど改定できるのでしょうか。

「法律を撤回・修正するには議会を通さなければいけませんが、議会の優位を考えるとそれもできるということになります。むしろ気候変動対策として影響が大きいのは国際的な場面です。パリ協定については、すでに第1期政権で脱退し、2期目でも改めて脱退すると言っています」

――トランプ2・0の4年間は、少なくともこれまでの気候変動・環境の合意はほぼ機能しないとみていいでしょうか。パリ協定のように脱退してしまうわけですから国際社会の目標はほとんど数字の羅列に終わってしまう恐れがありませんか。

「影響が大きいのは環境だけではなく、多国間の貿易交渉など、広く国家間の交渉に及ぶでしょう。トランプ政権の第1期の行動をみていると、バイラテラルで交渉するのを好まれ、多数国間で交渉するのは好まないようです。パリ協定だけでなく、たとえば24年11月末からはプラスチックごみによる海洋汚染を防ぐプラスチック条約制定に向けた交渉があります。米国はバイデン政権の下では積極的に交渉に参加していますが、政権が代わるとそうした態度にも変化があるかもしれません」

日本企業が注目すべきこと

――米国の環境動向について日本企業が注目すべき点を挙げるとすれば何があるでしょうか。

「まずはインフレ抑制法を巡る動きが非常に重要だと思います。というのは、日本企業もインフレ抑制法のもとで米国での投資案件を持っている、あるいは投資を計画しているケースがあると思います。インフレ抑制法がどうなるのか。日本企業の中でも特に米国でインフレ抑制法を契機に投資を考えているところは、その推移が具体的にどうなっていくかがポイントになるでしょう」

「2つ目は、米国のこうした動向の中での企業の対応です。企業が環境問題にどのように対応していくかはサステナビリティ経営などと呼ばれ、その取り組みの開示も非常に重要になっています。企業にしてみると、米国の新政権の動きをどのように受け止めるかということは、経営上も重要な課題となるわけです。1期目のトランプ政権の時には、州や自治体、企業、金融機関などが連携して気候変動対策を主導しました。こうした動きも後押しして、2020年ごろから各国がカーボンニュートラル（温暖化ガス排出実質ゼロ）を宣言するようになり、今では日本も含めて150カ国ほどに上ります」

「トランプ2・0で米国内の対策が停滞する可能性はありますが、グローバル企業を中心とした企業の対策はそう簡単には止まらない。それは取引先や資本市場からの評価につながっているためです。資本市場も金融機関もサステナブルファイナンスといった投融資を進め、気候変動をはじめとする持続可能性の課題に企業がどう取り組んでいるかを投融資の方針に盛り込むようになってきています。米国の動きは米国の動きとしてあるものの、トランプ政権はこの先4年間だけだというのも分かっているので、企業としては4年間をどう過ごすかを考えつつ、ここで自分たちのサステナビリティ経営を緩めることが得策だと考えている企業はそう多くないのではないでしょうか」

トランプ氏の「4年間」をどう見るか

――トランプ氏の任期を考えると、国際政治もそうですが、中国など利害が相反する政策を抱える国家は4年間を「やり過ごそう」と考えても不思議ではありません。政治は国の指導者の持ち時間と連動します。企業の対応はどうでしょう。

「今回は4年しかないと皆分かっているので、ある意味では、どうやり過ごし、逆にいうとその先を見て経営を考えるというように動いている。特に大手の企業はそうだと思います。米国が拠点のグローバル企業なども変わらないですね。そうした姿勢を強く打ち出して政権を刺激することはないものの、実質的に対策を進める。むしろ2030年の目標に向けて気候変動対策を加速的に強化している。日本の企業はそのサプライヤーになっているケースが多いです」

――ロシアのウクライナ侵略の長期化とイスラエルによる周辺地域への攻撃が、エネルギー・環境問題に影を落としています。

「エネルギーについて、ウクライナ戦争と不安定な中東情勢は日本のエネルギーの安全保障、安定供給へのリスクになっているのは間違いありません。そういう意味で米政権の2つの戦争への対応は日本のエネルギー安全保障や安定供給のリスクに関わると思います」

▼トランプ氏の再生可能エネルギー、原子力へのスタンス②

――バイデン政権は液化天然ガス（ＬＮＧ）輸出に慎重でした。日本のＬＮＧ政策はカタールと長期契約を打ち切った直後にウクライナ戦争が起きてしまい、失敗だったといわれています。ＬＮＧについてはトランプ政権に代わることで米国からの調達が期待できるのではないかという指摘があります。

「エネルギー輸出国である米国でシェール、ガス、石炭の生産を増やす方針をトランプ政権が表明しているので、輸出は相対的には増えると思います。バイデン政権が禁止をしていたわけではないので、相対的な量の問題です。どういう契約をするかによりますが、日本にとっては調達先の多様化につながる面はあるかと思います」

――これから人工知能（AI）などデジタル化で電力需要が拡大すると見られています。トランプ氏の原子力政策をどうみますか。

「トランプ氏は原子力を含めた米国のエネルギーのポテンシャルを開放すると言っています。米国の原子力発電所の新設は、非常に時間がかかるうえにコストが高い。米国の場合はガスのコストが安く、しかも地域によってはクリーンエネルギーのコストも下がっている。原子力を抑制するわけではないが、エネルギー市場の原理に従えば、どんどん建てていくことにもならない。他方、トランプ政権はイノベーションの推進も公約に掲げているので、次世代革新炉といわれるような技術の推進はあるかもしれません。ただ、バイデン政権でも革新炉や小型モジュール炉（SMR）は推進対象になっていましたから、大きな違いは出てこないのではないでしょうか」

トランプ2・0による日本のGXへの影響

――日本のGXの流れについてはどう展望していますか。

「米国の政権が代わると日本の気候変動対策をはじめとするGXはどうなりますか、とよく聞かれます。GXの基本的な考え方については、2023年の最初の閣議決定で、気候変動対策だけでなく、エネルギーの安定供給と安全保障の推進、脱炭素型の産業構造への転換を行う政策であることが明示されています。投資を促進し、産業政策としても気候変動対策を進めます、という発想で2022年に成立した米国のインフレ抑制法に刺激されたものと思います。日本はGXをやめるのか?と聞かれれば、やめる理由はないでしょう。エネルギーについて、日本が置かれている状況は米国よりも厳しい。日本は主要7カ国（G7）の中でも、エネルギーを海外から輸入する化石燃料に依存する割合がきわめて高い」

「ロシアによるウクライナ侵略の後、化石燃料の価格が高騰すると、それに応じて日本のエネルギー価格が上がりました。企業や家計にはとてつもない負担となりました。エネルギーを100%自給できるかという問題はさておき、電源構成で7割、エネルギーベースで8割を超えている輸入化石燃料への依存構造をどう変えるかという問題は、米国の政策がどうなるにせよ、しっかり対応しなくてはならない日本の課題です。GXの背景にあるのは、そのような昔から長きにわたる課題ですが、ここで本気で取り組まなければいけないと思っています」

「2023年は自動車、電機、電子機器、半導体製造などで稼いだ29兆円のうち26兆円を化石燃料の輸入への支払いに充てている。国内にお金が残らない構造になっているといえます。安全保障の観点からエネルギーの自給率の向上が重要であるとともに、果たしてこういう構造が日本経済のあり方としていいのかが問われています。トランプ政権のもとで米国の動きは弱くなるかもしれませんが、グローバル企業はカーボンニュートラルに向けて粛々と対策を進めていくでしょう。GX政策の背景にある日本の課題は変わっていないので、米国が動かなくても、日本政府はこれを契機に日本の競争力をどう高めるかという観点から政策をしっかり打つべきです」

――政府のエネルギー基本計画改定にトランプ2・0は影響しますか。

「新内閣が24年11月に発足し、衆院では与党が過半に届いておらず、政策の方向性はまだ見えていません。GXの背景にあるのは、エネルギーの問題、特に輸入化石燃料への依存をどうしていくか。言い方をかえると、エネルギーの脱炭素化をどう進めるかということです。電力分野の脱炭素化は急がなければならない重要な課題であるということは、基本計画の議論でも一致した認識です。それをどう進めるのかという点で様々な意見の違いがある。しかし、いまのような輸入化石燃料への依存はやはり変えていかないとまずいよね、という問題認識は、気候変動対策としてはもちろん、日本の産業競争力の観点からも共有されています」

――前回のエネルギー基本計画は現実性のない数字の辻褄あわせともいわれました。環境重視の立場でないトランプ2・0で政府内の一部には緩んだ空気もあります。

「ここで手を緩めない方がいいです。原子力にしても再生エネルギーにしても、エネルギー源を新しく作るには多くの時間がかかります。原子力は新設に15年、20年を要する。太陽光は短くても1年、長くて3年かかる。送電線の整備も含めてエネルギーシステムの転換には必然的に時間がかかるので、この4年の間、脱炭素の手を緩めると、結局その分、後れを取ることにしかなりません。４年後の米政権は予測できませんし、企業に求められる要請は、グローバル企業を中心にますます強くなる可能性が高いと見ています。先ほど示した日本が直面する課題をまじめに解決しようと思えば、10年や20年ぐらいの先を見て準備しないと変えられません」

（24年11月13日）

第4章

金融・マーケットに関する

24の問い

木内登英
野村総合研究所エグゼクティブ・エコノミスト
きうち・たかひで
経済、マーケット、金融政策などの分析に携わる。
ニューヨークなど海外駐在も経験。
２０１２年から５年間、日銀政策委員会審議委員

トランプ２・０の金融市場とは

──トランプ２・０の金融市場をどうご覧になっていますか。

「２０２４年10月あたりから金融市場はトランプ氏の勝利を織り込んで動くというトランプトレードが進んできて、さらに実際に勝利したということで、もう一段進んだということです。トランプトレードの一番の特徴は長期金利が上がってドルが強くなるということです」

「株高もトランプトレードとも言われていますけれど、それはあまり明確ではなかった感じです。ただトランプトレードは持続性はないんじゃないかなと思っています。最も金融に影響力があるトランプ氏の政策は追加関税です。追加関税は物価を押し上げて長期金利を押し上げるという見方があります。一方で経済を相当悪くするのではないか。そうなれば最終的には、長期金利が下がってドル安なので、いずれ流れはそっちに向かうのではないでしょうか」

「それから経済への影響で言うと、減税というのは規模としては大きくないというか、2025年に期限が切れる所得減税を延長するというだけで追加の減税ではない。法人税率については、1期目のトランプ政権では相当下げたんですけど、2期目は下げる余地があまりなくて、21％から15％まで下げると言っていますが、前回も共和党内での反対で15％まで下げられなかった事情があるので、トランプ氏としては20％までわずか1％の引き下げを目指しているということだと考えます」

「さらに米国内で製造する企業だけを対象と言っているので、もしかしたら海外で生産活動をしている企業には減税は適用されないのかもしれない。かなり規模としては小さいので、減税で経済がよくなるみたいなのは、ちょっとそうではないと思います。規制緩和などはプラス面ではありますが、どの程度の規模で出てくるのか。出るとしても、かなり時間がかかるということなので全体としては市場が織り込んでいるトランプトレードというのはやや過大であって、むしろ逆に動いてもおかしくないのではないでしょうか」

――市場の転機はいつごろでしょうか。

「政権を担って、具体的な政策を出してからという可能性はあります。追加関税は議会の承認も必要ないので、早く取り組む政策の一つです。(温暖化対策の国際枠組みの)パリ協定の離脱とか、移民の規制強化の大統領令などと合わせて、比較的早く出す。正式就任以降、比較的早いタイミングで市場の認識が変わる可能性はあります」

米国大型減税の効果は

――大型減税の継続は議会の承認が要ります。時間がかかるという見通しですが、経済面での効果はＧＤＰの７割を占めている米国の個人消費を後押ししませんか。

「個人消費は比較的安定しています。それは変わらないとみています。ただ、１期目のときに法人税、所得税を大幅に下げてしまったので、今回は目玉の経済政策ではないということですね。１期目の政策のときは２０１７年にそうした減税をやって、２０１８年から関税の引き上げなどの通商政策に乗り出したのですけれども、今回、減税はあんまり余地もないし、大きな目玉でもない。むしろ貿易のところから先にやっていくのではないか。そうすると、プラスの効果よりもマイナスの効果が先に出るような形になるのではないでしょうか」

FRB利下げによる影響は

――米連邦準備理事会（ＦＲＢ）の利下げ観測があります。日銀の政策金利は何％ぐらいまで上げられるのでしょうか。

「どこまで上げるかというのは国内の経済の要因で決まっていますが、私は０・75％ぐらいまでかなと思います。１％弱ぐらいが経済に対して中立的な水準で、そこまで上げて様子見になるとみていますが、どういったペースでそこまで上げていくか、これは外的な要因に影響を受けます。米国で例えばトランプ政権の政策への慎重な見方が出て、今のドル高からむしろ円高の動きになってくると、日本銀行の利上げは後ずれするということですし、あるいはトランプ氏の政策と関係なくても米景気が思いのほか弱くなると、追加利上げはしばらく様子見になるということもあります」

「それから国内の政治情勢も追加利上げの制約になります。石破政権発足直後の日銀への牽制は一旦収まったようにみえますけれども、国民民主党は追加利上げに明確に反対と言っていて、2025年の春闘までは利上げするべきではないと玉木雄一郎代表も言っている。だから利上げしないというわけではないんですけれども、少しそこらへんが全体として追加利上げの制約になっています」

「一方で円安が進めば利上げを促す形になるので、ここからさらに円安が進み、155円から160円のあいだのレンジが定着して、政府も為替介入するような状況になれば、政府としてもむしろ日銀に利上げで円安を止めてほしいという形に変わります。国内の経済的な要因によって決まるターミナルレート（政策金利の最終着地点）は0・75%かなというふうに考えます」

なぜ結局ドル高に

――米国株へのマネーの集中がFRBの利下げによるドル安を通じて変わると見られていました。結局ドル高に戻っていますが、なぜですか。

「トランプ期待っていうのがあるということと、日本から見るドルの動きと、例えば他の国、欧州などから見るドルの動きはちょっと違います。トランプ氏勝利以降ですね、ドル円は実はそんなに動いていない。選挙当日は154円まで進んだものが足元では153円台なので、円安に少し歯止めがかかっているっていうのがドル円ですけれどもユーロなどはドルに対してもっと下がってきているのはやっぱり金利差という要因によるものだと思います」

「FRBの利下げは、初回、0・5％と大幅に下げ始めましたけれども、この先も大幅な利下げが続くわけではない。場合によっては、会合ごとの利下げではないかもしれないという見方がある一方で、欧州のほうは、むしろ米国以上に利下げに前向きになってきている。これはインフレ率がかなり下振れていることですとか、あるいはドイツ、フランスを中心に景気が下振れているということもあり、金融政策の姿勢が日米と欧州でちょっとずれているので、その分ユーロの方が弱いというのが今の状況です」

「ドル円でいうと、日銀の24年12月の利上げ期待も実はそれなりに高まってきているので、それがあって円安が抑えられているということで、ドル円では少し横ばいの状況になってきています。ドルを中心に見ると、米経済の独り勝ちのような状況ですね。欧州ほど急速に金利を下げていかないというような見方がドル高ユーロ安につながっています」

「日本については、日米金利差で決まる部分が大きいです。しかし、単純にそうなっていないのは、日銀は物価がすごく上がる中で、緩和をかなり長期間維持した結果、長期のインフレ期待が上振れてしまったことがあると思います。それが根強い円安を生じさせている面があるので、そこが解消されるまでにやっぱり結構時間がかかる。方向としては緩やかな円安修正とみているんですけれども、修正のペースがかなり緩やか、この先何年か緩やかな円安修正が進むというのがメインの想定です」

トランプ氏の関税の波及効果

――トランプ氏は全ての輸入品に一律10～20％、中国からの輸入品には60％超の関税を課すと表明しています。世界のサプライチェーン（供給網）にどの程度の打撃を与えますか。

「かなりの打撃です。米国内でも中国製品が入ってこないことで、新しい部品の調達先を探すといっても他の国からの輸入品も関税がかかるとかであれば、それは難しいということなので、つまり調達がうまくできずに生産が止まってしまうようなサプライチェーンの混乱というのはやはり起こるのではないか。中国からの部品の輸入が6割高くなってもそれでも他に見つけることが難しいのでそれを使い続けるっていうことになると、すごくコストが上がって国内での価格転嫁につながっていく可能性があります」

「中国への6割の関税というのは比較的簡単にできるのではないか。それは理由付けが簡単だからです。貿易が不公正だからといって通商法301条を根拠に追加関税をかけていくということが簡単にできてしまう。他の国すべてがというとその理由付けを説明するのは時間がかかって面倒だったりするので、中国の大幅な関税引き上げは比較的速やかにされるのかなとみます。日本を含めて本当に全ての国からの輸入品に追加関税を課せられるかはよく分かりません」

「中国からの輸入品に大幅追加関税だけでも相当なサプライチェーンの混乱と経済の打撃になります。ちなみに中国からの輸入品に60%、他の国からの輸入に一律10%の関税がかけられると、米国の平均関税率は17%になる計算なので、現状の2%~3%程度から急激に上がる形になる。トランプ1期目の追加関税は、個別の品目にかけられたのに対して今回はすべての輸入品に一律にかけると言っているので、本当にそれが実施された場合、劇的に関税率は高まって、サプライチェーンだけじゃなくて米国内での輸入品の値段が相当上がる形になるので、米国経済にすごくダメージが及びます」

日本の為替への影響は

——2024年夏に対ドルで円相場が1ドル161円とマイナス進行に歯止めが利かなくな

りました。この円安の原因は何ですか。

「いろいろな理由が言われています。金融政策に絡んでいる部分が大きい。単純に日米の金利差ではなくて世界的に物価が高騰し、日本は異例の金融緩和を続けてきた結果、長期のインフレ期待がすごく上振れしてしまった。これは個人消費を悪化させる一方で、将来にわたってかなり物価高が続く見通しということは通貨の価値が下がるということになるので、急激な円安と企業収益の拡大、株高などにつながりました。日米の金利差は縮小方向なんですけれども、日本国内で上振れてしまった物価の上昇懸念、通貨の価値の下落懸念は結構根強いので、結果として円安が根強く残っています」

「それ以外でよく指摘されるのが例えばエネルギー輸入依存度が高いという日本経済の脆弱さとか、貿易赤字の体質になってきている点はあります。物価の格差を取り除いた実質の為替レートで見たとき、もう1990年代半ば以降、円は下がる方向なので、よく指摘されている日本経済の弱さ、競争力の低下、国力の低下の要因は、実質の円の下落という形で90年代半ば以降、すでに進んでいました。この数年間の急激な円高ドル安はそれだけでは説明できないので、やはり日米の金融政策、日銀の非常に特殊な金融政策による部分が大きいということです」

——トランプ政権で日本政府によるその為替介入のハードルは上がりますか。

「均衡レートは115円から120円というふうに計算しています。これは実は2022年の急速な円安が始まる前の水準でもあります。日銀も金利を上げて米国も金利を下げたので、円安が修正されるという期待が非常に強まった。特に夏場は強まった。その後、円もまた円安の方向に戻っています。今はちょっと円安見通しの方がやや優勢になっている感じがしますけれども、緩やかに、行きすぎた円の修正が起こるんじゃないかなとみていますし、その115円から120円は今の水準からすると確かに遠いんですけれども、わずか3年前の急激な円安が生じる前の水準に戻る。ただそれはこの3年かけてそうなったものがこの先3年でそこまで戻るかどうかはちょっと分からなくて、もうちょっと時間がかかると思っています」

「為替介入はトランプ政権になったほうがやりやすいだろうと思います。トランプ氏はドル高を非常に警戒しているということですし、そうすると日本が円安ドル高に歯止めをかけるためにに為替介入することについてはバイデン政権よりはむしろ寛容なのではないでしょうか。バイデン政権の場合は市場を歪めるとか、新興国が為替介入する口実を与えてしまうということで、先進国はめったに為替介入をすべきじゃないという発想なんですけれど、たぶんトランプ氏は米国第一主義でもあって、他の国が為替介入したらけしからんとか、市場を歪めているとか、そんなことは考えません。むしろドル高円安阻止のための為替介入についてはより寛容である可能性があります。逆に将来的に急激な円高になったときの介入についてはむしろ強く反対する恐れがあります」

日本の政治的不安定と金融

――日本は与党が過半数割れして少数与党になりました。日本の政治的な不安定さを市場はどうみますか。

「衆院選で自民党が大敗した後、株高になったというのは比較的短期の視点に基づいて、財政拡張とか金融緩和になるという見方が強まった結果だと思います。衆院選の公約でも、自民党は消費税の引き下げは掲げませんでした。野党は立憲民主党を除けば、消費税の大幅引き下げを掲げ、さらに減税と給付拡大というばらまき的な政策案でした。そうした野党、特に国民民主が躍進し、キャスチングボートを握ったということで野党の政策がより採用されるようになってくるというところがまず財政拡張の期待につながりました。株高とともにやや長期金利の上昇をもたらしました」

「金融政策については、立民は日銀の政策の柔軟性を重視し、無理して2％目標を目指さないという公約を掲げました。他の野党は総じて、利上げに慎重な姿勢ですし、国民民主はその傾向が特に強いということなんですね。不安定な政治情勢のもとで財政と金融の拡張が続くというのがやや株高、円安要因になっています。長い目で本当にそうなのかっていうのはちょっと疑わしい。通貨の価値を下げるというのはそうかもしれませんけれども、ばらまき的な政策で国民の負担をむしろ将来にわたって増やしてしまう。将来的な成長率の見通しにとっては必ずしも良いことではない。市場は長期まで織り込むわけではないので、短期的にはむしろ株にはプラス、円には円安要因というふうに織り込んだのですが、そうした傾向は長くは続かないかもしれません」

ウクライナ戦争と金融

――トランプ氏はウクライナ戦争を1日で停戦すると言っています。

「全体として地政学リスクが高まることは円高要因とみています。地政学リスクが高まるのはドル高要因にもなるかもしれませんが、ドル円で考えると円高要因じゃないかなとみています。すぐに停戦というのがどういうことなのか。ウクライナにかなり譲歩させる形であれば簡単にはいきません。中東ではトランプ氏は明らかにイスラエル寄りなので、それはイスラエルとイラン、あるいはアラブの対立をむしろ煽る形になるので、地政学リスクの上昇、どこかで原油高につながってくる可能性もあります」

「そうすると今度は世界的な景気への不安と株安要因にもなってくる。それから日本にとっては台湾有事のリスクが高まる。トランプ氏は台湾を守らないという姿勢が明らかなので、中国側の行動が促されるということになる。台湾からの半導体の調達が一気に滞ったりすると、日本経済に相当の打撃です。そういうリスクが高まるっていう見方が強まると急速な円高、株安になるのではないでしょうか」

――バイデン政権下で進んだ脱炭素、気候変動対策というのは後退するだろうと言われています。

「日本政府の方針はもう固まっています。50年の脱炭素、カーボンニュートラルというか2030年の目標ですとか、あるいはグリーントランスフォーメーション（GX）投資ももう既に実施を決めているので、そこが何か急に逆回転するということはありえない。米国内でも政府の政策として脱炭素が後退するということはあるかもしれませんが、州レベルで決まっているところは変わりません。米国の姿勢が変わっただけで例えば欧州とか他の国の姿勢が大きく変わるということにはなりにくい。ただし、それを除いても、脱炭素の取り組み自体はだいぶ薄れて後退してしまっている部分はあって、COP27以降は毎年のようにだんだんとプレゼンスが落ちてきています。米国の政権が変わるだけで、世界の脱炭素とか日本の脱炭素の政策が大きく変わる、大きく後退するということにはならないでしょう」

日本との貿易摩擦は再び起きるのか

――1980年代のような日米貿易摩擦はあり得ますか。

「日本だけターゲットということはないでしょう。バイデン政権の貿易政策も十分保護主義的です。トランプ氏との違いはマクロ的な視点があるかどうか。バイデン氏の場合は中国をターゲットに中国の特定の産業での競争力が高まらないように、ひいてはそれが軍事的な安全保障上の中国の優位につながらないようにするため、個別の品目で規制をしました。先端半導体や半導体製造装置の輸出規制であったり、先端関連の投資、米国からの投資の規制であったりということなんですが、トランプ政権の第1期のときの華為技術（ファーウェイ）のように5Gで中国が優位になるのは良くないって発想はもちろんあります」

「トランプ氏の場合、もう一つ貿易赤字は負けだというビジネスマンとしての発想があって、今度は中国だけが敵ではなくて、日本も含めて米国が貿易赤字を抱えている国は全部敵みたいな感じになるので、そこらへんが一律関税っていう発想につながっています」

「日本についてはかつてのように個別の業種での対立ということではなくて、やるんであれば一律の関税をかけてくるということで、狙いとしては日本の特定の産業を叩くというよりは日本との間の貿易収支を改善させるということです。80年代とは全く違ったタイプの貿易問題になってきます」

「1期目と同じように米国内での生産により強くこだわるということなので、関税をかけた上で、米国に出ている日本企業、例えば自動車と部品を日本から米国に輸出して米国で組み立てて、メキシコもそうですけれども、それが完全に阻まれて部品の値段もかなり上がってしまう可能性があります。米国内で調達せよということで、米国内の生産を拡大して、しかも部品の調達を米国でするよう要求してくる可能性は高いのではないでしょうか」

トランプ氏の政策が中国に与える影響

――トランプ氏の対中国への強硬姿勢は不動産不況に苦しむ中国経済の減速をさらに加速させませんか。

「中国の経済発展の力も相当落ちています。そういう中国に追加関税をかけると、中国経済が失速するリスクはトランプ1期よりも高いということは明らかです。中国の成長率は実力ベースでいうと5％を切っていて4％台になっているとみられます。60％の追加関税がかけられるときには半分ぐらいまで下がるという見通しがあります。4％台の成長ペースが追加関税によって2％台に下がるとなると大幅な失速につながります。それは日本にとっては市場が大きく縮小してしまうということなので、かなりの打撃になります」

「日本にとっては中国市場は依然として重要です。中国国内での生産についてはだんだんと後退方向にあるわけで、数年前に日本政府は中国国内の生産を日本とか、あるいは東南アジア諸国連合（ASEAN）など他の国に移す企業に補助金を与える政策を打ち出しました。これは経済安全保障の観点から中国依存度を下げます。中国国内での生産に政治的なリスクがあるということからも脱中国というのを日本政府も積極的に進めてきています。その流れは加速して、中国の市場としての魅力はまだ残るとしても、少なくとも地産地消ではなくなって、生産拠点はより別の国、チャイナプラスワンの方に移っていきます」

「そこで有力な地域はASEANです。部分的にはインドに少しシフトしている動きがあるので、もし中国経済が失速した場合にはアジア域内での生産とかあるいは販売先などがより多様化していくという形で日本企業は戦略を変えてくるということになるんじゃないでしょうか」

「アジア国内での生産、つまり地産地消にしなくても別のところで作って中国に輸出してもいいんじゃないかというのは東アジアの地域的な包括的経済連携（ＲＣＥＰ）によって、関税のハードルがだんだん下がってきているので、そうすると無理に中国で作らなくてもいいということになってきています。他の国で作って需要があるところに輸出するみたいなサプライチェーンと販路の仕組みへとＲＣＥＰ、日本の経済安全保障政策の影響によって、アジアの生産体制が構造的に変わってきています。中国経済の失速があれば即そういった流れがより加速する可能性があります」

（24年11月12日）

大槻奈那
ピクテ・ジャパン　シニア・フェロー
おおつき・なな
名古屋商科大学大学院教授。
内外の金融機関や格付機関で調査研究に従事。
国家戦略特区諮問会議有識者議員など公職も多数経験

米国は軟着陸できるのか

――トランプ氏は米連邦準備理事会（ＦＲＢ）に利下げを促すことが想定されます。米経済は軟着陸できるのでしょうか。

「軟着陸どころか再離陸しちゃうのではないか。選挙戦のトークというところもありますが、相当程度、民主党政権に比べると景気刺激的になるのではないでしょうか」

――軟着陸ではなくて再離陸と言われました。米経済が好調な状況で、利下げに踏み切ると金融と財政の両面から高圧経済の状況になります。インフレ圧力は好調な米経済を保証する要因にはならないのではないでしょうか。

「インフレは大統領選での民主党の敗因の一つの大きなポイントでした。インフレを行きすぎないようにコントロールできるかが一番の課題です。一方で賃金をもう一度引き上げる政策も欠かせません。移民、特に不法移民はおよそ1100万人いるとされ、経済を支える柱になっています。退去させると賃金は上昇する方向になりますのでインフレ圧力になります。経済全体の、特に国民の不満という意味では大きなファクターです。それ以上に手取り収入を増やさなければならないでしょう。ただ、不安定なところはありつつも、インフレと賃金の両輪でやっていけば、何とかそこが問題にならない形で収束することもできるのではないかと考えています」

長期金利のゆくえ

――トランプ氏が掲げている関税政策、減税政策を本当に実現してしまうと財政が悪化し、長期金利が上昇するリスクも高まります。現在４％台前半の長期金利、何％ぐらいまで上昇する可能性があるとお考えですか。

「ここからさらに上昇していくかどうかはまだ分かりませんが、４％台後半ぐらいまでは上がる可能性というのは十分あります。財政は債務の上限を抑えるのを今いったん停止しているんですけれども、２０２５年にもう一度これが再開しますので、なかなか増やせません。状況次第では格付け会社、ムーディーズがまだトリプルAに据え置いているんですけれども、これをダブルAプラスに引き下げる可能性があるんです。だいたい格付けと金利は結構連動していまして、1段階引き下げられてしまうと、0・15％ぐらい金利が引き上げられる可能性があるというふうに計算されていて、それを考えるとやはり４％台後半ぐらいまでここからさらに上昇する可能性はあります」

移民と労働市場

――不法移民は米国の労働力に実際もう織り込まれていますので、排斥すると労働市場が悪化するのではないかという指摘もあるんですけどそこはいかがですか。

「供給サイドの問題として大きいです。24年の頭に、将来の国内総生産（ＧＤＰ）予想が変わった。その理由が不法移民。不法なので数が分からなかったわけですけれども、これが政府の想定よりもはるかに多くの方々が働いてくれている。ちゃんと計算すると不法移民の働き分でＧＤＰがここから先も長期的に見ると２％ぐらい引き上げられるのではないかっていうふうにみたんですね。働き手がいなくなるということによって賃金も上がってしまうということは企業にとってみれば、利益の面でマイナスですから、これによって景気が思ったほど伸びないというマイナス面は否定できません」

――米経済のマイナス要因、自分たちの生活が向上しないことを移民のせいにするというのは的外れです。

「その通りです。ただ国民感情の問題としてはどこかにスケープゴートを作らなければいけないというところで、その対象が移民の方々に向いてしまっている悲しい現実でもあるので、そこをどうやってトランプ氏がコントロールするのか。そういう意味ではトランプ政権の再離陸ということを申し上げましたけれども、社会的な分断はより根深くなる可能性は大いにあります」

中国引き締めと物価

――追加関税は中国を標的にしていますが、安価な製品が入ってこなくなると、結局のところ景気の減速要因になります。

「消費者の観点でいうと実質的に物価が上昇してしまいます。これをどうコントロールしていくのか。中国については関税をかけると言っています。今まで輸入がそれほど活発でなかった東南アジアあるいはそれ以外の国との関係を強化することで、輸入の門戸を開くことによって輸入物価を引き下げていくとかもありえなくはないのかなという気がしています」

株価への影響について

――ダウ平均株価、日経平均株価はそれぞれいくらぐらいまで上昇するとお考えですか。

「すでに株価はだいたい3カ月から6カ月ぐらいは前倒しで折り込んでいますので、好調な株価は相当期待感をやや前のめりに織り込んでいるなという感じがあります。さらにどこまでいきますかっていうところが悩ましいところです。企業の利益成長率はいま上場企業で見ると10％程度あります。それを考えると5万ドルは2025年いっぱいぐらいで達成できちゃうのではないか。ダウ平均は銘柄の入れ替えというのが非常に重要なんですよね。ちょうど今回の入れ替えでもインテルが取り除かれて、エヌビディアが入った。これだけでも成長率が大きく変わってきてしまう」

「悩ましいのが日経平均の方で、そこまでドラスティックな入れ替えをしていないということもあります。ＰＢＲ（株価純資産倍率）１倍改革など一定の開示は進んだものの、実効性がまだまだ伴っていない。スピードはダウがまさっていくかなという感じがしています」

USスチールへの対応について

――大統領選前から日本製鉄による米鉄鋼大手USスチールの買収問題があって、トランプ氏は選挙戦で絶対阻止といったような発言をされています。

「トランプ氏が阻止宣言を貫くのであるとすると、相当な交渉と時間が必要なのかなという感じがします。一方で過去の共和党政権全体で見ると、大型のM&A（合併・買収）に介入したり阻止したり延期させたりとかという実績があるかというと、民主党に比べると圧倒的に少ない」

「大型M&Aの額というのはいま米国内で拡大しているんですけれども、一般に、大型買収については、米連邦取引委員会（FTC）や裁判所が反トラスト法（独占禁止法）などの観点から介入してくることがあるわけなんですけれども、これをたぶんトランプ氏は相当、企業の自由に任せるのではないか。そうすると、USスチールの個別案件については国際的な交渉ということにもなるので、分からない面が相当あるんですが、大規模なM&Aには道が開かれやすいのではないかと期待しています」

自民党と共和党政権の相性

──日米関係について、かつてはレーガン・中曽根、ブッシュ・小泉、最近でいうとトランプ・安倍など共和党政権と自民党政権は関係が良好となる場合が多かったですけれども、トランプ・石破関係で気をつけるべき点はなんでしょうか。

「自民党と共和党の相性というのはきっと悪くないんですけれども、焦点となってくるのは防衛だと思うんです。石破茂首相は防衛に一家言もありますし主義主張も貫きたい点があるというところで、それがトランプ氏の政策と合うかどうかは一言でも意見をたがえた場合にどういう対応に出るのかが読みづらい問題です。一方で、もう今期が最後であるというのがトランプ氏の今のスタンスです。そうすると、思い切ってやってやれということでより過激になる可能性も排除できない。特に防衛関係についてのこのせめぎ合いは注意したいし、注目をしていきたいです」

日本のＮＩＳＡはどう影響するか

――石破首相は岸田文雄前首相が掲げた新しい資本主義に基づく政策を踏襲すると表明しました。新ＮＩＳＡ（少額投資非課税制度）は日本が米国のように投資大国のきっかけになるのではないかとの期待もありました。米国はじめ海外の投資家が評価する経済政策はなんでしょうか。

「米国をはじめとする海外の投資家が日本について期待していることは、おそらくは経済刺激策全体ですけど、それはたぶんトランプ氏になっても変わらない。トランプ氏については全体的にはやはり円安に向かいやすい政策ということで、それ自体が企業の利益に与える影響もプラスです。あとは経済政策、あるいは全体としての金融制度改革として期待されることというのはおそらくはこれまで以上にＰＢＲ１倍に向けて企業がどれだけの対応ができるかということです。その意味では、まだ今はとりあえず開示を強化したというのが企業の対応ですから、それに魂を入れていくということで、PBR1倍をどうやって具体的に企業がすることができるのか、特に利益をどうやって上げていくのか、実効性が問われる段階になります」

——新NISAについてはいかがでしょうか。

「新NISAへの期待はまだまだ高い。一時期の爆発的な口座増加という波は収まりましたけれども、まだ口座を開設していない方々も多い。それから若い方々への浸透が高齢の方々以上に早いというのがあります。欠けているのは金融教育です。金融経済教育推進機構(J-FLEC)という金融教育機構が業務を開始しました。その内容を見ますと非常に充実はしているんですけれども、どうやって金融に関心を持ってもらうかというところはまだまだです。新NISAでせっかくこれから口座が増大しても、万一、市場が急落したときなどの対策は不十分です」

「パニック売りでおそらく海外に投資したお金までも引き上げることになると、今までの円安の巻き戻しでドルの資産を売って円に戻す、それは円買いにつながりますので、円高が意外な形で起こってしまうということもありえますので、こういった新ＮＩＳＡの拡大ということとあわせて金融教育の拡充をする必要があります」

ＡＩ投資が日本で遅れている件について

――米国のビッグテックがＡＩ（人工知能）投資を加速させています。日本政府はルール整備が課題で、どう対処すればいいのでしょうか。

「米国との関係を考える以前に、このままだと負けてしまうということを痛烈に感じる必要があります。それはお金の問題もありますけれども、どうやって支援していくかの問題もあります。一般論として政府がお金を使ってどうするのかを論じるよりも規制緩和が重要です。国家戦略特区があります。この地方だけということで限定してもいいので、最先端のＡＩを試せるような取り組みが重要です。米国の西海岸は完全自動運転のタクシーが普通に通りを運行しています。新しい物が好きな方々が積極的に活用を始めています」

「でも日本でこれをやろうとしても、今のところ、公道ではほぼ無理です。ＡＩで情報をどんどん蓄えることで、より安全な仕組みを構築していくわけですが、これを日本でやろうとすると、ほんのちょっと例えば軌道をずれただけでニュースになって、頓挫するのでは、と思います。もちろんリスクをゼロにすることを望みたいところなんですけれど、無理ですよね。過度なゼロリスク思考というのを抑制して、その政策を導入することによるリターンを長期的に考えて、一定の規制緩和をするのが一番重要です」

暗号資産の活況について

――暗号資産（仮想通貨）の業界はトランプ氏の当選でビットコインが8カ月ぶりに最高値を更新しました。なぜビットコインが支持を集めるのでしょうか。

「2つあります。一つはよく言われることですけれども、法定通貨へのアンチテーゼですよね。法定通貨、ドルとか円とか国が認める通貨は最近、政府のバラマキで発行されて価値が低下していると。ビットコインは発行枚数が決まっていますので、それによる希少性が続くであろうということです」

「もう1点はどちらかというと新しいものへの許容度です。スタートアップの企業が仮想通貨の発行によって自分たちの資金を調達するといったような動きが出ています。それに伴ってビットコインというのは仮想通貨全体の基軸通貨のような役割を果たしています。それでビットコインが人気を集めているというところもあります。ただもう一つ、ビットコインというのがどうしても非常に投機的であって、例えばナスダックなどに連動してしまっているわけであり、より投機性が強いので、これから景気が拡大していって、株価が上昇するんだったら、より変動が高いビットコインを買っておこうという動きがあるのも事実ですよね」

デジタルドルの進展

――トランプ氏は「デジタルドル」に対して否定発言をしています。欧州は2020年代半ばにデジタルユーロの導入に動いて、日本もいつでも導入できるように準備を進めていると言われます。政府、中央銀行が発行するデジタル通貨、これをどう展望されていますか。

「少し遅れるんじゃないでしょうか。米国は、もともとデジタルドルに対しては消極的、慎重だったんですけれども、それに加えてトランプ氏が否定的な発言をしていますので、トランプ氏の任期中は進めづらいのではないかと思っています。デジタルドルを発行しなくても、だいぶ民間主導でデジタル化が進んでいるので、実体経済および国民経済におけるデジタルドル、中央銀行が発行するデジタルドルということの意味合いというのもやっぱり薄れているのかなという感じがします」

「日本は準備を進めてはいるんですけれども、もともと準備をするときの文書などを見ると、一つの理由として、米国でもデジタルドルの研究を進める用意があるので、それに遅れないようにという趣旨も込められていました。そうすると米国でやらないということに仮になった場合は、日本についても若干トーンダウン、スローダウンするのではないでしょうか」

製造業への影響

――トランプ氏はメキシコからの自動車輸入にも高関税をかけると言っています。自動車を中心とする日本の製造業への影響はどう見ていますか。

「悩ましいです。中国からの輸入品に高い関税をかけるのであれば、代わりに日本からの輸入あるいは現地での販売、ユニクロですとかがむしろプラスの影響を受けるかもしれないという見方もあります。一方で一律の関税ということもトランプ氏は言っていますので、これがどのような形で実現していくのか。現地生産化は米国の雇用増加につながりますので、これを進められるような日本企業であれば、米国にも企業にもプラスとなるでしょう。しかし、そういった企業は限られると思いますので、全体でみれば、日本の米国への輸出の影響はマイナスと考えざるを得ないのではないでしょうか」

株式市場はどうなるか

――トランプ氏が当選したら、米国の株式市場も日本の株式市場も急騰するのではないかと言われて実際上がりましたが、思ったほど上がりませんでした。

「日本についてはまさにそうです。米国はもともと好調で、一定程度そのトランプ氏の可能性というのを織り込んでいてさらに上昇していますけれども、日本の動きはそこまではないです。それは輸出産業が円安で効果があるんじゃないか、プラス効果を受けるんじゃないかと思ったら、もう一方で輸入関税の問題がありますので、そのせめぎ合いで読みづらいというのが一点。それからインフレですよね。米国におけるインフレというのはもともとこれによって民主党が支持を集められなかったその元凶ですから、それが再燃してしまうことに対しての懸念、警戒感がある」

「そしてもう一つ、やはり財政の問題というのが大きく響いていて、財政問題によって仮に金利が上がるのであれば、ドルそのものに対しての懸念ということになると、金利が上がる割にはドル高が進まない可能性というのもあって、そうなると思ったほど円安のメリットっていうのが受けられないんじゃないかという、そういった不確実性、不確定要因が出てきたことで、ちょっと日本市場に対しては警戒感が出ているなという感があります」

日本と世界を見るための注意点

——日本から見ると、物価が上昇すること自体は経済が成長する第一歩という捉え方で悪いことではありません。物価上昇を上回る賃金の上昇が実現していないのが課題と考えます。石破政権は少数与党で政権運営が不安定になる可能性がささやかれています。日銀は金利ある世界に踏み出したかなと見られていましたけれども、実際のところ政治の意向を無視するわけにはいきません。日銀は金融正常化を進められますか。

「難しいところです。そういう意味でも、トランプ政権で米経済が再浮上ということになると、これはもう金利を下げている場合ではないということになる可能性もありますので、そう考えると日銀も金利はむしろ上げやすくなってくるのかなというところだと思います。政治面ということについては不確定になればその分、経済に対してはマイナスではありますけれども、一方で政策という意味では強力な内閣、政府が政策的な意図を持って利上げを良しとしないような状態のほうがむしろ利上げがしづらくなるので、そういう意味では、今の状況は、おそらく日銀にとって利上げがむしろしやすい環境かもしれません」

「そして賃上げが最大のテーマになってくると思うんですけれども、今のところ春闘でも2024年を上回る引き上げもあり得るとされていますので、それなりの賃上げになってくるのではないでしょうか。ただやっぱりそれを持続的にしていくということについてはまだまだ不確実で、日本の潜在成長率はあんまり上がってないんですよね。いろんな試算がありますけれども、5％程度という賃上げを続けていくのはやっぱり相当ハードルが高いのではないか。結局のところ、次に日本の政治に期待されるのは米国とうまくやっていくことも大いにありますし、それともう一つは、どうやって日本の底力、日本の経済成長力を自律的に高めていくかということです」

――岸田政権の経済政策は一貫性がないという指摘もありました。それは物価高対策と言いつつ物価高の一つの要因が円安だったにもかかわらず、財政に頼る政策をやって物価高を助長しました。

「補正予算でばらまくというのはインフレを助長します。それで物価高対策になるのか。やっぱり本来は、お金ではなくて規制を緩和し、そして企業がどうやって成長に対してモチベーションを持てるかということです。痛みを伴うこともあります。例えば、いまだに一部でコロナ支援が続いているわけですけれども、それはどこかのタイミングでフェーズを変えていかなきゃいけないわけです。当初はそれに対して若干の批判はあるかもしれませんけれども、いかに脱却していけるか、補助金頼みという世界からいかに脱却していけるかというのが大きな課題です」

――世界経済や日本経済を今後見ていくにあたってどの点に注目しますか。

「長期的に捉えましょうということですね。短期的には、変動率が高くなるでしょう。前回のトランプ政権を思い出しても過激な発言とか、政府高官が突然退職するとか、もう話題満載だったわけです。あまりにも行動が興味深かったりするので、メディアのヘッドラインももう独占しちゃうんですよね。ですが、実はトランプ政権のあいだは市場も意外と安定をしていましたし、財政も言われていたほどは拡大してなかった。長い目で冷静に見ていく必要があります。短期的なヘッドラインにあまり過度に反応しないでゆっくりじっくり構えていこうと思います」

（24年11月11日）

第5章

中国・台湾有事に関する
13の問い

中澤克二
日本経済新聞編集委員兼論説委員
なかざわ・かつじ
専門は中国など国際問題。中国総局長などを歴任。日経電子版で「激震　習政権ウオッチ」連載中。2014年度ボーン・上田記念国際記者賞受賞

中国が見るトランプ政権

――トランプ氏の返り咲きを中国はどうみていますか。

「非常に嫌だと思っているでしょうね。人によって多少、違いますが。過去に4年間あったトランプ時代、中国としてはなかなかうまく対処できなかったから、そういう点では嫌だと感じているはずです。一般の人々、企業経営者、官僚ら中国全体としてはです。習近平《シージンピン》国家

主席個人が本心でどう感じているかは分からないですが。

――嫌な理由は。

「基本的に中国は、社会主義の流れを組む計画の国です。計画経済の場合、まず戦略を立てて対処するわけですよね。その対処方針はちょくちょく変えられない。一方、トランプ氏は急にいろんなことを言い出します。そのたびに対米交渉も相当、変化させる必要がある。前回、特に経済交渉だと劉鶴《リュウハァ》氏が習氏の側近として何とかまとめましたが、前回のトランプ時代の4年が経ち、さらに今まで8年も経っているわけですけれど、振り返ればトランプ時代にいろんなことにうまく対処できなかった。その流れで今に至っています。特に経済です。バイデン時代も対中政策という点ではトランプ政策の継続でした。外交面はちょっと違うのですが。全体的に『中国シフト』が進んだのが、2017年から21年のトランプ政権だったということでしょう」

「今、最大のピンチになっているのが中国経済です。トランプ時代より前だった12年に習氏が共産党トップに就いて以降、すでに政策上、大きな問題がありました。しかし、トランプ氏の登場後、それが顕在化していく。世界から見ると『トランプ時代に中国は結構やられたよね』という認識が広まって、それが定着してしまった。習時代に入ってからの政策のまずさが拡大、顕在化したのがトランプ時代だったという意味で、トランプ氏の再登場は嫌でしょうね」

トランプ関税の是非

――トランプ氏は関税政策で、一律10%から20%、中国には60%などと言っています。

「対中関税60%は、もちろん嫌です。それよりも中国の問題点は、外の世界との関係が非常に悪くなったことです。その流れでトランプ氏が再び出てくることが、さらに中国にダメージを与えるのではないかという予測が世界で出ています。そこが非常に気になっている」

「トランプ氏とは個別交渉でディーリング＝取引できるから大丈夫だ。中国側では、17年時点でもそういう楽観論がありました。トランプ氏の本質は商売人、ビジネスパーソンだという認識ですね。ちょっと餌を与えれば、いろいろ乗ってくるし、結果的に中国にとって悪いことにはならない。そう思い込んでいた。16年11月の米大統領選挙の段階では、中国経済もさほど悪くなっていなかったので、自信もあった。逆に言うと、そのときから、中国の対外姿勢の強硬さがより鮮明になっていく。原因の一つはトランプ氏でした」

中国の介入はあったのか

――大統領選で中国は何か介入をしたのですか。

「今回、介入したのかどうかは、なかなか難しく、判断しにくい。一方、あくまで噂ベースですが、一部、中国系の在米団体では、トランプ氏に投票すべきだという雰囲気があったとされます。そこに中国本国の影響力が関係しているのかどうか。とはいえトランプ氏が勝つことが、前提だったということはいえるでしょう。トランプ寄りがより明確になったのは、夏以降、トランプ氏が銃撃されて以降だと思います。結果的に、あとづけでも、俺たちにだってトランプ氏を推していた人もいるんだよと言いたいんでしょう」

――両方に保険をかけたってことでしょうね。

「仮にバイデン政権を継承するハリス氏が次期大統領になっても良いような準備もし、一方でトランプ氏が当選した場合は後から言い訳ができるようなこともやっていたのではないかということですね」

トランプ氏と習近平氏の政治の時間軸

――政治の時間軸で習氏の任期というのは事実上ない。一方でトランプ氏は最大4年で中間選挙まで2年。時間切れというかやり過ごすというのが基本的な対応方針なんですかね。

「そうですね。いろいろ面倒くさいが、4年たてばいなくなるよね、というのはある。中国にとっては。しかし、中国も27年には共産党の大会があって、任期が1回、切れるわけです。過去の見方で言えば、必ず習氏は続投する。また、別の地位に就いても、総書記と同じように党のトップの立場にある、ということだったんです。だが、それまで、あと3年もあるんですね。あと3年間のうちに何が起こるかはやっぱり分からない。なぜかというと、やっぱり中国の全体が今、うまくいっていない。経済状況が最大ですけども。経済だけではなくて、政治もやっぱりうまくいっていないところが相当ある」

「外交も見た目よりうまくいっていない部分が多い。外交で言うと例えば、『一帯一路』とかは13年に始めたわけですが、ずっと莫大な金を投入してきました。だが、成功していない部分も多いわけですよ。『無駄金』になった部分ですね。中国が出した金が戻ってこないという状況になっている。そういうことまで含めると、今後3年間は結構、長い。習氏にとって。時間軸は、トランプ氏は4年しかなくて、習氏はずっとあるというのは、これまでの大前提にはある。だが、この常識が本当に通用するかは、もうちょっと見ないと分からないですね」

中国の懐柔は

──トランプ1・0のときは巨額の投資とそれに伴う雇用創出で懐柔しようとしていましたけれど、また似たような政策で懐柔しようとするんですかね。トランプ2・0は。

「基本的には同じようなことをやりたい。しかし、前回成功してないので、どうするかを今考えている状況じゃないですか。どう対処しても、トランプ氏は再び変えてくるかもしれない。うまくいく最善の方法は今、決められない。基本的には中国は自らの目標に沿って経済を含めて動かしていく。目標は２０３５年にあります。35年の当初目標は、簡単に言えば米国に経済・軍事両面で追いついて、世界最強の国になっているということです。これはいまだに変わっていないわけです」

「ただし、中国がそこに向けて歩んできた中で、いろんな変化があって、なかなか難しいことにもなってきた。数年前には、あと2、３年で米国の国内総生産（ＧＤＰ）を超えると言われていたんですね。27、28、29年までには。つまり習氏が次に続投するときには、ほぼ米国を抜くことが見えて続投することになるはずだった。だが、現時点で考えるなら、少なくとも27年段階では無理だ。では35年はどうか。以前は１００％だと、みんな言っていた。でも、これも分からない。今そういう状況になってきているので、次期トランプ政権の４年というのは、習氏にとっても結構正念場の４年になる。27年を超えて28年まであるのだから」

――トランプ氏の任期は中間選挙までの事実上の2年とみている。中間選挙は大統領選で勝った政党の多くは負けるためです。中間選挙で敗北し、ホワイトハウスと上下両院の過半数を占める「トリプルレッド」でなくなると政策は思うように進みません。

「仮に2年だったとしても、トランプ氏が大統領ではいるわけですね。中国にとってトランプ氏に勢いがあるか、ないか、みたいのはあんまり関係がなく、もっと総合的な米中関係全体とか、世界の経済の動きとかが問題ということなのではないでしょうか」

トランプ氏の閣僚を中国はどう見る

――トランプ2・0の閣僚には特に対中国強硬派が並んでいます。国務長官のマルコ・ルビオ氏をはじめです。

「最初トランプ氏が60%課税と言っていたので、相当強い布陣だと思っていたのだが、当選の前後にはあまり対中強硬の具体的な政策、これから、これをやります、みたいものはあんまり出ていなかった。だが、人事を見ると対中政策をある程度、予測ができる。当初の予想通りか、結構それ以上だという感じです」

――対中強硬派を閣僚などに並べて中国から譲歩策や提案を引き出したいようにみえます。

「とりあえず、どこかで首脳が直に話す機会を設けるのでしょうね。前回もそうでしたが、トランプ氏が2016年11月に当選した際、習氏は17年4月にフロリダ州のトランプ氏の邸宅マール・ア・ラーゴに行った。これは相当早い。共産党大会で総書記の続投が決まったのが17年後半だが、その前に米中関係を少し何とかしたいと思ったのでしょう。このマール・ア・ラーゴ訪問以降が、トランプ氏が本当に習氏との対決を強めていく時期になります」

「17年11月にはトランプ氏が訪中している。このときはトランプ氏のために中国は何をやったか。それは故宮（皇帝の住まいだった紫禁城）という中国の昔の宮殿を貸し切ってトランプ夫妻と習夫妻だけで回ったんです。普通はこれだけ特別待遇をやってもらうと、大体の人が感動するものですが、トランプ氏は常人ではない。『ああ、そう。だから……』という感じだったとみられます。17年4月のマール・ア・ラーゴでもトランプ氏側は大歓迎している。トランプ氏の娘イバンカ氏の娘を出して中国語の歌を歌わせたりしました」

「人対人ではうまくやっている。習・トランプ関係は悪くないと言っている。確かにそうかもしれない。だが、これはトランプ氏の対中政策に何ら関係してこない」

中国の安全保障とトランプ氏

――覇権は一つしかないわけだから両国は外交・安保、経済など構造上、相いれなくなったのではないですか。

「そうですね。特にトランプ氏が力を入れるのは、経済および経済を中心とする中国の拡張、覇権主義を止めたいということです。一方、安全保障の分野で中国をどう止めるのか、これはちょっとまだ分かりません。前回のトランプ時代も安保上、中国をどのぐらい叩いたのか。こちらは、もうちょっと見ないといけないでしょう。人事の布陣を見れば、そんなに甘くないというのは分かりますが」

――安全保障上止めるというような意識がトランプ氏にそもそもあるのかというのが私の疑問です。

「トランプ氏は言ってみれば、良い意味で平和主義者かもしれない。戦争は止めたいと思うかもしれない。ただ、中国から見たら一つトラウマがあります。やはり2017年4月のマール・ア・ラーゴだが、習氏とトランプ氏が会談をし、テーブルに並んでいました。食事が終わりデザートが出ました。チョコレートケーキだったそうですが、そのときにトランプ氏が突然、たった今シリアを攻撃した、ミサイル59発も撃ち込んだと習氏に伝えたのです。習氏は慌てました。そして、しばらく黙っていました。10秒間もです。隣の通訳に『もう1度、言ってほしい』と聞き返したうえで、驚きの発言をします。『子どもや赤ん坊にガスを使用するほど残忍なことはない。問題はない』と」

「シリアが危険な状況になり、化学兵器も使われたことに関しては中国も憂慮しているという立場から、米軍の武力行使を容認したのです。大きな変化でした。もちろん、中国のトップがこんなことを口にするのは初めて。この局面では、不意を突いたトランプ氏の勝ちでした。急にこの話題を振ったのですから。実際、トランプ・習会談が始まる前段として、イバンカ氏の娘が中国語で歌って習氏を歓迎する直前に、奥の別の部屋で重要な会議を開催していました。シリアにミサイルを撃ち込むことを決めたのです。そして、米中会談の最中に決行しました。この経緯は相当、習氏の頭に残っていると思います。トランプ氏は全く読めない、と」

「この米中会談の際は、習氏のそばに国際政治問題の補佐をしていた人物が寄り添っていました。今は中国共産党政治局常務委員（最高指導部メンバー）になっている王滬寧《ワンフーニン》氏です。しかし、トランプ氏が習氏にシリア爆撃を伝えたそのとき、王滬寧氏は席を外していました。お手洗いか何かで。トランプ氏はその隙を狙ったのではないか、という見方もあります。つまり王滬寧がいたら、習氏の発言は変わっていただろうと。この習氏とトランプ氏のやりとりは大ニュースになりました。部屋に戻った後、習氏と、王滬寧氏ら側近らは侃々諤々の議論を交わしたとも言われています。直に容認したのはまずかった、ということでしょう。シリア問題での中国とロシアとの共同歩調が揺らいだ瞬間だったのですから。これがまさにトランプなのです」

トランプ氏の対中貿易政策

――米中は半導体などいわゆる戦略物資を巡る競争も激しい。

「対米貿易は全体の量では余り衰えていない。ただ、質はかなり変わってしまいました。米国から見たら普通の物資、例えばクリスマス用品とか、そういう安価な物資については中国製がいっぱい米国に入ってくる。そこに関しては多分、トランプ氏もそんなに目くじら立てないのだろう。とはいえ全体的に米側が貿易赤字を出しているのを止めようとすれば、中国を叩くしかない。関税は引き上げてくるでしょう」

「半導体を巡る部分では、中国に高性能半導体は当然、輸出できない。バイデン政権がやっていることは基本的には継続される。中国側が対米で打てる手は、それほどない。かつてトランプ時代にやったのは大量に小麦、大豆など米国産農産品を買ったことだ。中西部はトランプ氏にとって自分の票田でもあったのでしょう。ここでは、中国側がトランプ氏を手玉に取ったと言われていますが、その4年経った後を見てみると、そうでもなかったということになります。貿易上中国が打ち出せる対抗策はいろいろあるとはいっても、かつてほどの効果はありません」

――制裁合戦に突入しても、米国を抑止するのは難しい。

「米国が本気で、変わらないのであれば、中国に有効な手はない。バイデン政権の4年間を経て、米中間は、思った以上にデカップリングが進んでいる」

——トランプ氏はビジネス重視です。国のトップリーダーがビジネス、ディールが中心だとしたら、本当の意味では怖くないような気がします。

「8年前、そう中国は思っていました。それが16年11月です。しかし、その認識には大きな間違いがありました。中国では『トランプはやはり怖い存在だった』という評価になっています」

トランプ氏任期中の台湾侵攻

——トランプ氏の任期中の台湾への武力侵攻の可能性というのはどう見ていますか。

「武力侵攻の可能性は常にある。いつ、どういう時点であるかというのは、全く予測はつかない。最高司令官としての習氏の力は強いので、彼の頭の中を開いてみなきゃ分かりません。これは多分、誰にも分からない。そうすると、蓋然性としてどうなのかという程度のことしか言えないわけです」

「まず、問題となるのは、米国でも過去、長く言われてきたように２０２７年に習氏が次の期に入るまでの3年間です。27年になればトランプ政権は後半になっていますね。この間、台湾に関して、米国がどの程度、発信をするのか。バイデン氏とやり方が違うかもしれないが、習氏に対して、台湾に強硬な措置を取れば、米国は黙ってない、ということをどれだけ言うのか、言わないのか。それから仮に侵攻があったときにはどういう態度をとるのか。トランプ氏は１５０％か２００％の関税をかけると過去に言っているわけですが、その程度にすぎないのか。もっと別なことを言うのか。などなどです」

「封鎖」訓練をどう見る

――例えば台湾に対しては事実上の「封鎖」を狙う訓練などをやっていますよね。中国側としては、刻みつつ、米国の反応を確かめながら徐々にエスカレートさせるのか、一気にいくのか、この二つの選択肢があるとしたら、どういう姿勢でしょうか。

「基本的には台湾に対する海上封鎖、経済封鎖ができますよ、というアピールを22年のペロシ訪台以降の軍事演習で示してきた。直近もありました。この方針は今後も変わらず、できるということを示し続けるのでしょう。海上封鎖ができるということは、米国に対するアピールと、台湾に対するアピールの両方があります。対台湾のアピールとしてはあまり効果がないどころか、逆効果です。台湾の人たちは、中国の強硬な姿勢をみて、中国から一層離れていきます。既に明らかです。では米国はどう感じるか。こちらは大きい。バイデン氏とトランプ氏に違いがあるかどうかもです」

中ロ朝関係とトランプ氏

——中国はトランプ氏がウクライナの戦争を1日で終わらせると言っていることについてどう見ていますか。

「就任して1日で終わらせるというなら、今まさに準備が始まっているということになります。何かは当然準備をしていると思いますが、これに関して中国がどの程度関与できるのか。なかなか関与が難しいと私は思います。もちろんバイデン政権のときだって難しかった。プーチン氏とゼレンスキー氏の仲介を中国が試みようとしたこともあります。だが、結果的に両方とも乗ってこなかったんです。習氏の盟友、プーチン氏も」

「現在進行形で気になるのは、やはり北朝鮮という要因でしょう。北朝鮮とウクライナ。国際政治と安全保障を見る上で興味深い状況が起きている。ウクライナに対するロシアによる侵略と、北朝鮮が絡む朝鮮半島情勢という2つの問題は、当然ながら全く関係なかった。これまでは。しかし、今回、北朝鮮がロシアに派兵し、ウクライナと戦う姿勢を見せている。そして大量の兵器をロシアに供給する事態になった。朝鮮半島情勢とウクライナ情勢がリンクし、連携してしまう事態が生じました。大きな変化です。中国にとってはあまり好ましくない変化です」

「中ロという2つの核大国がまず軍事的に結託し、ここを固めて米国に対抗する。さらに北朝鮮も補助的に参加するという構造は好ましい。中国は圧倒的に経済的に有利な立場を対ロシア、対北朝鮮で持っています。だが、北朝鮮はある意味、この構図を打破してしまうかもしれない。そういう動きです。中国を少し外しておいて、ロシアと北朝鮮が結託するのだと。これに対して中国は、大きな声で反対して止める態度に出ることができない。非常に北朝鮮はうまくやっていると思います」

「もっと言うと、おそらく北朝鮮がウクライナとロシアの問題に関与しているのは、対トランプ対策でしょう。もう一度、金正恩《キムジョンウン》・トランプ会談をどこかでやりたいのだと。かつて3度もやっているわけだから。この時も中国は後ろで見ながら、反対はしなかった。金総書記がシンガポール、ハノイに行った際、中国が飛行機を提供している。そういう状況にあった。当時は結局うまくいかなかった」

「しかし金氏はまた狙っています。ここにウクライナとロシアの問題を利用しようとしている。中国側としては、これがどうなるのかを今、じっくり観察している。中国にとってウクライナは重要だが、生存圏に関係する朝鮮半島問題はもっと重要です。トランプ氏によって変わるのか、変わらないのか。それから、朝鮮半島における米軍がどうなるのか。それは在日米軍にも関わってくるし、さらに台湾問題とも関わってくる。そういう状況です」

——中国・ロシア・北朝鮮の中では、中国が圧倒的に経済力、軍事力を持っています。ロシアと北朝鮮の接近で中ロ朝の関係は変化が起きますか。

「大きな流れではこの『悪の枢軸』は強まっていく。だが、ウクライナの問題がどうなるかとか、それから朝鮮半島情勢がどうなるかによって若干の変化が起きうる。つまり、トランプ1・0ではそういう変化の兆しがちょっとあった。トランプ・金会談があったりした。そのときは台湾問題に対して大きな影響を及ぼさなかった。今回トランプ氏が出てくる中で、台湾問題もクローズアップされている。ウクライナ、朝鮮半島、台湾という3つの全く違う地域、問題がリンクして、何か動きがあるかもしれない。国際社会、日本にとっても要注意なのではないか」

ロシアの中国への属国化

——ロシアの中国への属国化はトランプ2・0で加速しますか。

「私はそうではないと思う。これまでも圧倒的な力を中国が持っているにも関わらず、中国はロシアに対してあまり強く出ていない。強く出ていないというよりは、十分なコントロールができていない。これはウクライナ戦争もそうだった。中国は事前には全面侵攻を知らなかったと考えた方が論理的に成り立つ。プーチン氏は、北京五輪開幕式に来た直後にやった。中国は、プーチン氏のウクライナに関する動きを快く思っているわけではない。しかし、裏でロシアとの関係は強めてきた。やっぱり米国に対抗するにはロシアが必要だった」

「対米関係は良くなる兆しがない。中国単独で米国を軸とする国に対抗するのは難しい。どうしてもロシアの力がほしいので、相当下手に出ている。経済的にもだいぶ利益を与えている。中国のイメージが悪くなるにも関わらず、ロシアのウクライナ侵略でウクライナ寄りの態度は絶対とらない。バイデン政権でも米中対立が激しくなった。だが、トランプ氏がもう1回戻ってきたことで、米ロ関係に変化が出てくるかもしれない。もしくは米朝関係に変化があるかもしれない。そのときは習氏としても何か対処すべきことがあるのか、これを今考えていると思う」

――ロシアは、かつては中国が目指すお手本みたいな存在でしたが、現在の力関係は経済力も軍事力も逆転し、ロシアのじり貧が見えます。

「中国にとってロシアが衰退するかどうかとかは関係ない。ロシアは対米戦略上で常に必要不可欠な要素であるのです。ロシアと組めない場合は、中国が相当不利な状況に陥るのは間違いない。逆に言うと、そんなにロシアが怖いということもない。うまく付き合っていきたいということでしょうね。実際にロシアは様々な手管をつかって中国の人事にまで介入しているフシまである。これを中国はあえて阻止していないようにみえる」

トランプ氏就任で日中関係は

――トランプ2・0で中国は日本との関係を何か変えたりしますか。

「これはなかなか読めない。今のところ何か新しい材料が出てきていない。4年前の経緯を言えば、安倍晋三首相がいたので、安倍氏1人に個人関係が集約された。他の問題がいろいろ出てはいたけど、何とかコントロール可能だったわけです。今回、日米関係はどうなるのか、石破茂首相がどうなるか。今のところうまくコントロールできるのか、できないのか、もしくは米側から安倍時代にはなかった新しい要求が出てくるのか分からない。やはり日本として気をつけなきゃいけないのは、朝鮮半島情勢と台湾情勢です。いずれも中国が関わってきます。トランプ氏がどうしようとしているのかは、日本の安全保障にも大きく影響してきます」

――今までは米中の緊張が高まると、中国は日本に寄ってきて日米にちょっとくさびを打つ。北朝鮮も同じ理屈だった。対米で緊張が高まった中国なり北朝鮮なり、もしかしたらロシアもそうだったのかもしれないですけど、米国の同盟国である日本に寄ることで打開策を探る。トランプ氏が関税政策なり何なりで中国を強く叩くと、これまで通り擦り寄ってくる似たような軌跡をたどると思いますか。

「２０２４年11月15日に日中首脳会談があった。これはちょっと驚きです。しかも早々に決まったと言います。もちろん石破氏が首相になったので、挨拶ぐらいするだろうというのはありましたが。この後も対日関係をある程度、きちんとコントロールして改善のサインを出すなら、やはりトランプ氏への警戒があるという判断ができると思います」

――いろいろなことを確かめながら進むんでしょうけれども、接近する証左はやっぱり首脳会談が一番分かりやすい。

「首脳会談をやり、継続されていれば、中国側としてもあまりひどいことを日本にはやれない。例えば、2024年8月に男女群島沖で歴史的に初めて起きた中国軍機による領空侵犯などです。もう少し遡れば、22年の当時のペロシ米下院議長の訪台に当たり、沖縄の南西諸島沖の日本の排他的経済水域（EEZ）内にミサイルが落ちた。いや、着弾です。打ち込まれたわけですから。これも歴史的に初めての事態でした。そういう事態が少し収まるのか。あとは日本人の拘束問題、中国各地の日本人学校に通う生徒、関係者が死傷した事件、水産物輸入禁輸という問題などもあります。すでに日本に対する「短期ノービザ渡航」は復活しました。残る問題をトランプ氏の就任前後に中国が動かすのかどうか。それは見極める手段の一つになる」

――石破氏が首相になって、マルチの会合といえども、習氏自らが国際会議を利用して、この局面で石破首相に会うというのは早いのですか。

「これは本来、普通のことです。しかし、最近の日中関係では異例でしょう。過去10年間の動きを見ていると、なかなか正式会談は決まらなかったのです。握手ぐらいにとどまるとか、会談方式で国旗を外すとかもありました。安倍晋三政権時代もそうです。尖閣諸島の国有化問題が2012年に発生したときは野田佳彦政権でした。首相が自民党の安倍氏に12月に代わるわけだけど、そこから2年は日中関係が動かなかった。2014年になって安倍・習会談が、北京でのアジア太平洋経済協力会議（APEC）で実現する。安倍氏は首相就任直後には、ちゃんとした会談ができなかったんです。今回、安倍氏より遥かに権力基盤が弱い石破氏なんだが、会談が実現した。やっぱり違いがある」

（24年11月15日）

第6章

ロシア、ウクライナ、北朝鮮に関する10の問い

古川英治
ジャーナリスト

ふるかわ・えいじ
ウクライナ・キーウ在住。元日本経済新聞編集委員。
モスクワ特派員などを歴任。
著作に角川書店『ウクライナ・ダイアリー――不屈の民の記録』

ウクライナの現状は

――キーウの日常を教えてください。

「今回日本に来たのは2024年10月の後半なので、もう1カ月離れてしまっているのですけれども、空襲警報の音が僕の携帯電話に入るんです。それが特に日本の夜間から朝にかけて、本当にもう、ひっきりなしです。キーウに来るのはドローンで、嫌がらせをするように低空飛行で1機ずつなので、途切れなく空襲警報が鳴っている」

「昨日(11月13日)は友人何人かから連絡があって、弾道ミサイルが打ち込まれたと。ミサイルはしばらく、キーウにはなかったのですが、弾道ミサイルでかなりの爆発音が聞こえたと。そういう形で電力インフラを狙った攻撃が引き続き起こっている。エストニアの大使が住んでいる集合住宅にドローンが直撃して、それもエストニアでは結構話題になっていました。キーウだけではなくてもう各地です。特に北東部とか、もちろんロシアに近いほうも含めて、ほぼ毎日、それでかなり犠牲者も出ています」

――トランプ氏が返り咲く前と後、つまり大統領選の前と後で、攻撃の頻度なり激しさは増したんですか。

「昨日ミサイルが久しぶりにキーウに打ち込まれたのは、今後もっと激しくなる兆候なのかもしれません。今年(24年)はずっとエネルギーインフラがやられていたので、電力不足が言われていて、キーウはもう計画停電が導入されています。暖房がやっぱり一時来なくて、最近やっと来始めたというふうに聞きましたけれども、ちょっと時間が短くなっていたり、半分しか入らなかったりというようなことになっていますよね。この冬は本当に厳しい冬だなという感じがします」

ウクライナ国民は戦争をどう受け止めているか

――戦争が始まって2025年2月で3年。キーウで買い物をしているような場面も映像として見ることができました。一方でプーチン氏の無差別殺戮への憤りと、戦争の緊張状態という2つのストレス。ウクライナ国民の受け止めはいかがですか。

「買い物とか日常生活は実はそういう中でも続いている。私は侵略の当初からいて、戦況の移り変わり、それと社会のムードの移り変わりみたいなところで、気付かされることがあって。はっとする場面がいくつかあって、最近の社会のムードの受け止めというのは、戦争が長期化して、特に2023年の反転攻勢が失敗した後、米議会の対立でウクライナ支援が一時止まってしまった時期があって、その頃からちょっと変わってきたなというのはあり、戦争の現実から距離を置くようなところもありました。戦争をあまり話題にしなくなったし、昔はもうとにかく戦争の話ばっかりだったのが、それがもう距離を置いて見ないようにするとか」

「24年夏に私はオデーサという港町に行って、ビーチに行ったんですけど、普通に家族連れやカップルがいて、そんな中に空襲警報が鳴るんですよね。だけど誰も反応しない。その後ちょっと爆発音が聞こえてきたんですが、これはさすがにと思っても、やっぱり誰も動かなかったんですよ。隣に寝そべっていた女性にこの音何って聞いたら、「ロケットじゃない」ってそっけなく言うんですね。オデーサの大学のある教授に、現実に目をつむる傾向があるんじゃないかと聞くと、『戦争の現実とともに生きているのだ』と言い返されましたけれど」

「それと、日本に来る前に会った、ウクライナの有名な作家でアンドレイ・クレコフ氏という人が言っていましたけれども、今の心理状況というのは、現実からちょっと距離を置きながら、もうすぐ変化があることを予期して、それを待っているんだって。それは、もしかしたらトランプ氏が大統領選に勝って停戦交渉という話になるかもしれない。または米欧がウクライナを勝たせるように本腰を入れて、武器を提供するかもしれないという期待。そして、最大の期待はプーチン氏が死なないかなっていうね。そうした変化を待っているところだって言っていたんですね。そういう戦争への接し方というのが時間とともに変わってくる。必ず勝つぞという気持ちが弱まって、何が起きるんだと身構えながら、少し距離を置くような」

「地域差も出てきています。やっぱり前線に近いところの町とキーウ、もっと遠い西部ではちょっと違って、キーウは他地域よりも対空ミサイルがしっかりしていて、それほどひどい被害が出ているわけではないんですが、例えば北東部のハルキウとか、スームィという国境の近いところはもう本当に日々ミサイルが飛んできて、人が死んでいるような状況で。それに対してそこにいる人は残るという決意をしている人ですよね。この街にとどまるんだ、ここは私の街だって抵抗しているのです。それと比べるとキーウはちょっと距離を置いて、現実を見ないということが可能で。西部に行くともっと離れて、もちろんミサイルが飛んでくることはあるんですけれども、23年までは一丸となっていたけれど、地域差みたいなのが出てきているのではないかなという感じがします」

トランプ氏をロシアはどう見るか

――ロシアはトランプ氏の返り咲きを喜んでいるんでしょうね。

「もちろん喜んでいると思います。ウクライナだけではなくて、欧米の分断みたいなものにつながるかもしれないし、米国の内政が揺れれば、外交もあんまりできないような状況になるし、米国の世界での信認みたいなところも含めて、米国中心の世界秩序みたいのを破壊するチャンスだと思っているんじゃないでしょうかね」

――トランプ氏は1期目のタイミングでもプーチン氏と電話していたということですけれども、改めてこの2人の関係性をどのように見ていますか。

「2016年大統領選のとき、共謀疑惑というのがあって、実際にトランプ氏の側近が何人もつかまったりしました。それでもトランプ氏とプーチン氏の直接の関係については真相は明らかにされなかった。最近出たボブ・ウッドワードの本で、トランプ氏は大統領を退任した後も何度もプーチン氏と話をしていたと記されています。これは証拠がないのですけど、2人の関係についての疑惑はずっとくすぶっている。トランプ氏は誰もかれも批判しているのに、プーチン氏については悪いことを言ったことは記憶する限りないですよね。批判したことはないし、質問されてもその質問を避けるし」

「僕が個人的に印象に残っているのは、2018年にヘルシンキで行った2人の首脳会談後の記者会見です。プーチン氏は米大統領選への介入を当然否認して、トランプ氏もそれに応じていた。そこで米国人の記者がたまらず手を挙げて、米中央情報局（CIA）とか米国の政府組織はみな介入があったと言っている、あなたはプーチン氏と米国の政府機関のどっちを信じるんですかと問いただした。トランプ氏はそのときプーチン氏に肩入れしたんですよ。この2人の関係についてはこれからもいろいろ出てくるのではないでしょうか」

プーチン氏とイーロン・マスク氏

――最近注目度が高まっているイーロン・マスク氏ですけれども、プーチン大統領と連絡を取っているという報道もありました。この2人の関係はどのようにみていますか。

「最近、ウォール・ストリート・ジャーナルがマスク氏がプーチン氏やクレムリンと頻繁に交信しているという記事を書きました。マスク氏を見ていて、ウクライナから見るとすごく分かりやすく変わりました。彼は侵略直後にウクライナ政府の要請に応えて、（米スペースXの衛星通信網）スターリンクというサテライトを提供して、これが実は前線の兵士とかの通信の生命線になった」

「ところがその年の秋、急にいつまでもただでは貸せないみたいなことを言い出して、結局それはペンタゴン（米国防総省）が肩代わりした。マスク氏は同じころ、ウクライナ和平案みたいなものを突然発表した。実は直前に何があったかというと、やはりマスク氏はプーチン氏と話していた。本人は否定していますけれど、プーチン氏と話した、定期的にクレムリンと連絡を取ってるということを周辺に明かしていた。イアン・ブレマー氏という政治学者がマスク氏から直接聞いたと暴露して、その後ペンタゴンの高官もスターリンクの件で聞き取りしたときに、マスク氏がプーチン氏と話したと発言したと明かしています」

「彼がやっているX（旧Twitter）の運用とかを見ても、彼は実はロシアのプロパガンダ機関と見られている組織の発信をリポストしたり、ウクライナから出てくる発信をわざとアルゴリズムを使って検索しにくくする工作をしたり、ベリングキャットという調査機関がキーウの小児病院を破壊したロシアのミサイルを特定してXに投稿したんですけど、それもなんか『危険情報』と分類したりしました。『言論の自由』を掲げながら、ロシア寄りの情報操作をしている疑いがあります。マスク氏は大統領選でトランプ氏支持を明確に打ち出して、この2人が呼応しているかどうか分かりませんけれども、やっぱりそこにロシアの影を感じます」

「僕は自分の1冊目の本でまさにロシアのそういう工作について書いたんですけれども、すごく分かりやすいのはサイバー攻撃や情報操作です。クレムリンの工作の肝は要人の取り込みみたいなことです。欧米の政財界には、お金につられたり、弱みを握られたり、プーチン氏に魅了されたりする人が数多くいて、ロシアは欧米の政財界に深く食い込んでいると、欧州の情報機関の人が明かしてくれたことがあります。マスク氏に関して言うと、財力があって、スペースXを持って技術力があって、しかもいまXという情報発信力もあるわけですよね。クレムリンが見逃さないターゲットという感じがするし、真相は分かりませんけれども、やっぱり今後のマスク氏の動きを注視した方がいい」

米国民の対ロ感情

――長らく東西冷戦で米国と旧ソ連というのは対峙していました。ロシア、旧ソ連への敵対的な気持ちは米国民にあります。トランプ氏やイーロン・マスク氏が簡単にロシアに近づいていく。それを見る米国民の気持ちはどうなのでしょうか。

「東西冷戦下は米国の脅威は絶対的にソ連だったわけですよね。だけど今はそれがやっぱり中国になって、米国と競う国という意味ではロシアではなく中国ですよね。これはウクライナ侵略の前に欧米の外交官と話したんですけど、米国の認識は、ロシアは衰退していく国で、時にとんでもない混乱を引き起こす国という位置づけだった。バイデン氏が就任直後のインタビューで、プーチン氏は殺人者かと聞かれて、そうだと答えた。この発言にプーチン氏はキレたんですよね。明らかに軽視されたと感じたからです。トランプ２・０の人事を見ても核は対中ですよね。中ロを接近させないように、米国はロシアを取り込むべきだっていう議論がウクライナ侵略の前にもありましたよね」

――50年以上前の東西冷戦下で米中国交正常化の道筋をつけたキッシンジャー元国務長官のパワーポリティクスの発想ですね。

「日本でも一時期、安倍時代とかに言われたのは要するに中ロを結託させてはいけないと。米国でも当時はそういう議論があって、どちらかと言ったらロシアを取り込むという論がありました。プーチン氏にしてみれば、米中対立の中でロシアが埋没し、中国のジュニアパートナーになることを恐れるようなところもあった。今回の侵略によって存在感を見せたというか、そういうところもあるんじゃないですかね」

「今の状況でロシアは中国に頼っているし、中国もおそらくこれからトランプ氏になって米中対立が厳しくなったときはロシアに頼るところもあるでしょう。最近よく出てくる『悪の枢軸』、中国、ロシア、イラン、北朝鮮というこの4つをそういうふうに言う人がいるんですが、それぞれ体制も違うし個々では割と利害が対立しているところもあるんだけれども、いまは対米という一点でまとまっている。それをトランプ氏が変えるかもしれない」

ロシアと中国の関係

――ロシアの中国への属国化は進みますか。

「外交の細かいところを見ると、実は中国が妥協してロシアの要求を取り入れているところもあります。中国専門家の方に聞いたんですけれども、閣僚が更迭された事件がありましたよね。あれはロシアが要求したという話をしていた。例えばこれからトランプ氏が一段と対中強硬路線を敷けば、中国の習近平国家主席は間違いなくロシアを頼るわけですよね。力関係はまた変わってくるし、完全にジュニアパートナーというわけではないでしょう」

――自分（吉野）のコラムでかつて、国の主導者の年齢に注目したんですよね。プーチン氏は今72歳なんですね。ロシア人男性の平均寿命は68・2歳。日本人男性の年齢にプーチン氏を当てはめると80歳半ばなんですよ。つまり、プーチン氏は物事を長期的には見られない。

「その見方には同意します。この侵略の前に、ロシアの取材先と議論をしていたときに、まさに彼が言ったのは時間の話でした。病気でなくても、プーチンに残された時間はそれほど長くはない。独裁者、指導者はレガシーづくりを考えるわけで、その中でソ連崩壊で失ったウクライナを取り返した大統領として名を残すっていうのが働いていたのではないでしょうか。仮に停戦交渉があるとすれば、時間的な要因が影響するでしょう。いったん停戦して、何年後かに再び侵略してウクライナを支配するという時間的な余裕があるのかどうか」

停戦の条件はあるのか

――プーチン氏の停戦の条件って何ですか。

「プーチン氏は領土が欲しくて侵略したわけではありません。トランプ氏周辺や日本の議論を見ていると、ウクライナが領土で譲歩すれば停戦になるかのような話がありますけど、それはあり得ません。トランプ氏周辺からのリークによれば、ウクライナに英国とかポーランドの軍を入れて、停戦を監視させて、北大西洋条約機構（NATO）にウクライナを今後20年は入れないみたいな話が出ていますが、プーチン氏は応じないでしょう。ウクライナに欧州の軍が入ってくることを、プーチン氏は絶対に許さない」

「プーチン氏は歴史的にウクライナという国も民も存在しないと主張していて、今占領している領土だけじゃなくてキーウをコントロールして属国化したいわけです。プーチン氏は24年夏に停戦条件に言及しています。まずNATOはもう絶対入らないと明文化してそれを確定しろ、それにロシアが一方的に併合を宣言した4州はウクライナが支配しているところもあるのですが、4州から完全に退けと言っている。それと非武装化みたいなことを言っていて、ウクライナを無力化する」

「あと、裏ではロシア語の公用語化とか、独立した正教会の廃止みたいなこともロシアは要求しています。彼がいつもいう「ロシア世界」とは共通の歴史と言語、宗教と強弁していて、ウクライナを完全な影響下に取り戻し、欧米の影響を排除することです。停戦監視軍を入れるのはあり得ないし、NATOだけでなく、ウクライナの欧州連合（EU）加盟も絶対に認めません。この議論をロシアの取材先としたときに、彼が言ったのはトランプ氏がとりあえず何を差し出すか見てみようと言っていました。領土にとどまる話ではありません」

北朝鮮兵の加担について

——ウクライナ侵略への加担。北朝鮮の兵士というのはロシアにとってはどういう利点がありますか。

「2つ見方があって、一つは兵力にロシアが困っていて、プーチン氏が頼んで出してもらったということ。もう一つは北朝鮮の金正恩《キムジョンウン》総書記が派兵したかったというもの。それは実際の戦場を体験させるとかドローンの使い方を見てみるとか戦略を見てみるとかね。またロシアからの見返りもあるのでしょう。それと、ロシア軍にとっては足手まといで、言葉の問題があるし、実戦経験は何もないし、北朝鮮兵士は演習の際に戦車が用意できないので、戦車と一緒に動く経験がないという話も聞きました。だからロシアは困るんじゃないかというような見方もありますよね」

——脱北のチャンスではないかということを言われています。

「出されている人は脱北できないように家族を人質に取られるということもあるのではないでしょうか。韓国は脱北者を捕獲するチャンスを狙っていて実はもうウクライナに人を出しているという情報がありますよね。ウクライナ的に言うと、捕虜にする意味があんまりないというか、ロシア軍を捕虜にするとそれは捕虜になっているウクライナ兵の交換要因にできるわけです。

クルスクというロシアの領土に侵入していたときは何百人も捕虜を捕まえて、その結果、2024年9月、10月に多くの捕虜交換を実現した。ロシアの収容所にいる捕虜はほとんど拷問されているので、家族からの要望もすごく強いわけです。北朝鮮兵にはそれはない。韓国はウクライナが北朝鮮兵を捕まえたら、引き渡してほしいというようなことを言っている情報は聞いたことがありますけれども」

「ロシアにとって利点があるとすると、北朝鮮軍をクルスクに送っているんですよね。ウクライナが2024年8月に侵入して一部をコントロールしているところ。これをロシアとしてはとにかくトランプ氏の就任までには取り返したい。ウクライナ的には実はこれはトランプ氏への備えであって、トランプ氏が無理やり領土とかで停戦圧力をかけたときに、ここを取っていれば一つの交渉材料になる。北朝鮮兵をそこに動員することで、ウクライナ軍の一部はそこに釘付けになる。その間にロシアの部隊は東部の攻略に集中して攻勢を続けられる。その効果はロシアにはあるでしょう」

ウクライナ国内ではゼレンスキー氏をどう見ているか

――戦争が3年近くになってゼレンスキー氏の権力基盤は当初と比べていかがですか。

「戦況と社会のムードの変化とともに、ゼレンスキー氏への見方も変わってきています。戦争当初、ゼレンスキー氏は内外にアピールして、すごく人気がありました。それが変わり始めたのは2023年の秋ぐらいでしょうか。反転攻勢がうまくいかなかったということはもちろんあるでしょうし、もう一つは内輪揉めというか、サルジニーという国民の信任の厚かった軍のトップを更迭したんですよね。あのときこれはまずいなと思って、もしかしたら抗議運動が広がるかもしれないと思ったのですけれど、結局そのときみんな我慢したんですよね。政権批判で割れたら、ロシアの思うつぼだからです。今も僕は我慢が続いているんだと思います。ゼレンスキー氏の支持率を見ると8割とかあったのは今5割、6割ぐらいに落ちてきていますよね」

「側近らの汚職の問題、あとはもう一つ不満が多いのは徴兵の部分で、ゼレンスキー氏は不人気な徴兵の問題で決断を避けている。解任されたザルジニーは50万人必要だと主張していて、ゼレンスキー氏はそれを彼になすりつけたようなところがありました。野党の政治家と話した時に、なるほどと思ったのは、ゼレンスキー氏はとにかくポピュリストなんだという話でした。侵略が始まった時、首都に残るという決断は、それは別の感情が働いて、彼が後に記者会見で言ったのは、子どもに自分のことを誇ってほしいということでした。そこはそういうファクターがあったと思います。その後、彼がこれまで主張してきた1991年の独立当時の領土を全部取り返すとか、戦争犯罪の裁きとかは、国民のコンセンサスだったわけです」

「ウクライナには世論調査会社が、大きいのが3つあるんです。それぞれゼレンスキー氏の支持率とか戦争、停戦についてどう思いますかみたいな世論を追っています。大統領府は個別に世論調査会社に個別に調査を依頼していて、丹念に動きを探っているんですよね。交渉してもいいという人はどのぐらい増えているかどうか、年代別の傾向はどうなっているのか、どこまで妥協が許されるのかとか。停戦となると、戒厳令は解除され、ウクライナは選挙をしなきゃいけないんで、それも視野に入れているところもあるでしょう。選挙を意識しているのは、ゼレンスキー氏というよりは側近たちかもしれません。汚職勢力もいるわけで、ゼレンスキー氏に辞められたら困るみたいなところもあって、そういういやな動きも出ています」

「例えば批判的なメディアに圧力をかけるみたいな動きもあります。そこは非常に危ういところで、国民はそれを全部見ていて、だけど我慢しているところもある。政権を糾弾しすぎれば、本当にロシアの思うつぼになってしまうからです。前線の兵士もそうですよ。とにかく今この戦争に勝つことであり、政治はその後だと、みんなそういう話をしますよね」

「世論の動きを見ていると、交渉は必要だ、やむを得ないと思っている人は増えています。ただし、領土の譲歩はありえないと答える人が過半数を占めています。そこには、「正しい愛国主義」みたいなものが作用しているかもしれません。米議会が紛糾して米国からの支援が24年の年初に止まった時、前線が厳しい状況に置かれ、ロシア軍の占領地が広がりました。

トランプ氏が支援を止めるかもしれないという不安は大きいですし、それで交渉やむなしという方向に世論が向かうのかどうか、領土での譲歩がどこまで受け入れられるのか、その後の安全保障についての議論も注視しなくてはなりません」

今後のウクライナ戦争の注目点

――ウクライナ情勢についてどういうところに注目したらいいですか。

「トランプ氏になったことで、これから対ロシア政策、対ウクライナ支援がどう変わるかは見通せません。それは必ず日本にも影響するわけです。例えばトランプ氏がもう支援をやめると言ったときに日本はどうするのか。トランプ氏はもう欧州が責任を負うべきだと言っているんですね。欧州の外交官と話すと、欧州と日本、それに韓国やニュージーランド、オーストラリアなど民主国家は団結を守り、米国が同盟国との協調に回帰するのを待つしかないと言います」

「ロシアのウクライナ侵略の結果何が起きたかというと、欧州とアジアの米国の同盟国、民主国家が連携を強めました。ウクライナ支援では日本、アジアも必要だし、また何かアジアであったときは欧州が必要だという考えがあったわけですよね。それをG7プラスとかいう言い方がありましたけれども、トランプ氏が来てそれをかき乱して、米国が離れてしまったときに、日本はどうするのか。そこでやっぱり問われるのは価値観、民主主義とか自由とか人権とか主権とか、そういうもののために戦い続けるか、ということですよね。その点に関して今まで割と曖昧であまり議論がなく何となく続いてきたところがあるので、そこをもう一度、日本の本質が問われるのがウクライナ支援であり、侵略とどう向き合うかということだと思います」

（24年11月14日）

結びにかえて――トランプ勝利：米国資本主義の必然的帰結

牛島　信

トランプ氏は勝つべくして勝った

私は共和党のトランプ氏が米大統領選に勝つのは前から当然だという気がしていた。勝利の理由をトランプ氏の個性とかそういったものに還元すると間違える。なぜトランプ氏が勝たねばならなかったのか、あるいは勝つことになったのか。少し考えると、米国の大きな社会変動が背景にある。具体的には、資本主義による合理化と市場化とグローバル化、この3つがどんどん進んでいったことの結果として、中産階級が消失したことが原因としてあると考える。消失というのは、生身の人間にとってはたまらない。私は中産階級の特に大卒ではない白人の労働者たちの相当数が鎮痛剤で死に至ることがあると聞く。私はまともな社会ではないと考える。

民主党のハリス氏個人がどうということはもちろん私は分からない。素晴らしい人物なのだろうと思いながらも、民主党がハリス氏を候補者とする過程があまりにいいかげんだったとは感じていた。トランプ氏に負けてしまって気の毒だが、民主党は正当性のある候補者だという枠組みを作り上げることができなかった。

トランプ氏は関税の引き上げを主張する。米国はもともと関税を高くして、英国から自国産業を守って成長した歴史がある。米国は、関税が高いかどうかをそのときそのときで使い分ける。自由貿易が金科玉条のように言われるが、それは19世紀の英国で資本主義が強いときに英国が世の中に流布したイデオロギーであって、もちろん日本も戦後の一時期それで大変恵まれた立場に立ったわけだが、米国、米国民にとってはどうなのか。トランプ氏にとっての関税はそうした切り口のものでしかない。だから、私はトランプ氏は関税を強化すると思う。それはまさに米国民の望んだことで、それをやらなかったらトランプ氏は選んでくれた米国民を裏切ったことになる。

トランプ勝利の背景にあるのは現在の米国の大きな歴史の動きであって、これは止まらない。世界の資本主義の大きな歴史の流れの中で、グローバリゼーション、雇用の合理化という新しい時代について行きにくい、くい止めたい、誰かに頼むしかないという人々の願い。これから先は言いすぎかもしれないが、道徳的に素晴らしい人であるかどうかよりも、明日の自分たちの命を何とかしてくれる人にどうしても勝ってほしいと多くの人が考えた。そういう大きな歴史的背景があってのトランプ氏の勝利であった気がする。

超富裕層はどんどん豊かになる、そして下層の人はますます貧しくなる。中間層もどんどん没落していく。こういう資本主義の大きな構造が大統領選の背後にある大きな歴史の流れだ。米国における格差の極端な拡大、それを止める劇薬として、トランプ氏が道徳的に優れているかどうか、そんな問題ではないと多くの人々が考え、格差が広がって自分たちはもう鎮痛剤を飲んで死んでしまうかもしれない、そういう世の中を何とかしてほしい。そうした流れがトランプ勝利に結びついた。

トランプ氏は歴史を生きている

それではトランプはそうした「階級社会」を破壊できるだろうか。私は破壊できないと思う。なぜなら、人々の欲望とかエネルギーとかのすべてがそこにいま焦点を結んでいて、格差は生じるべくして生じている。もちろん格差への対応として社会主義が希望の星であろうはずもない。この先に何が来るのかというと、混乱しか考えられない。米国だけの問題ではなく、トランプ氏が選ばれたという事実に鮮やかに象徴される巨大な資本主義の問題だと捉えている。出口はあるのだろうか。

私は悲観している。トランプ氏はどんな過激なことでもやるだろう。その過激なことが世界平和に害があるとしても、自分の使命を達成するためにやる。そういう意味で、トランプ氏は単に個人的な思いでやっているというふうに私は考えない。歴史を生きているのだ。

この混乱した世の中に自分が生まれてきた。そしてそれを引っぱるという使命が自分にはある。銃撃されたのに、神が自分を助けた。客観的にそう思っても仕方がないことが起きた。そのようなトランプ氏はどんな過激なことをしてでも、資本主義の必然的な動きを止めにかかる。それは一体、国を、世界をどこに導くのか、私はとても心配だ。

日本人である我々が何を望もうと、米国にはほとんど何の関係もない。我々は米国に大きな影響を与えない。米国は米国の内在的な論理で世界中に広げている資本主義をどう進めていくのか。やはり私は楽観的になれない。

牛島信（うしじま・しん）
弁護士（牛島総合法律事務所）・作家
M&Aやコーポレートガバナンスなどビジネス法務を手がける。
作家として著書に『株主総会』『少数株主』『あの男の正体』など。

吉野直也 よしの・なおや

日本経済新聞社国際報道センター長。政治記者として細川護熙首相から石破茂首相まで16人の首相を取材し、財務省、経済産業省、金融庁など経済官庁も担当。2012年4月～17年3月、ワシントンに駐在し、12年と16年の米大統領選を現地で報じた。20年4月～23年3月政治部長。23年6月より、ラジオNIKKEIのポッドキャスト番組「吉野直也のNIKKEI切り抜きニュース」で情報発信中。著書に『「核なき世界」の終着点 オバマ対日外交の深層』（16年日本経済新聞出版）『ワシントン緊急報告 アメリカ大乱』（17年日経BP）がある。

日経プレミアシリーズ | 525

トランプ2・0 世界《せかい》の先《さき》を知《し》る100の問《と》い

二〇二五年一月九日 一刷
二〇二五年二月一二日 二刷

編著者 吉野直也
発行者 中川ヒロミ
発行 株式会社日経BP
日本経済新聞出版
発売 株式会社日経BPマーケティング
〒一〇五―八三〇八
東京都港区虎ノ門四―三―一二

装幀 ベターデイズ
組版 マーリンクレイン
印刷・製本 中央精版印刷株式会社

ISBN 978-4-296-12197-7 Printed in Japan

日経プレミアシリーズ 493

あなたと日本の防衛を考えたい

日本経済新聞社 政治・外交グループ 編

緊迫する東アジア情勢に対処するには、何が足りないのか。無人機やサイバー攻撃といった「新たな戦争」、迫り来る危機を想定しているとはいい難い態勢や戦略を生み出した戦後77年の安全保障の実像、そして2022年に議論された国家安全保障戦略の改定によって示された方向性とは。防衛の課題と現状を読み解く。

日経プレミアシリーズ 494

「低学歴国」ニッポン

日本経済新聞社 編

大学教育が普及し、教育水準が高い。そんなニッポン像はもはや幻想？――いまや知的戦闘力で他先進国に後れをとる日本。優等生は育ってもとがった才能を育てられない学校教育、〝裕福な親〟が必要条件になる難関大入試、医学部に偏る理系人材、深刻化する教員不足など、教育現場のルポからわが国が抱える構造的な問題をあぶり出す。

日経プレミアシリーズ 490

国費解剖

日本経済新聞社 編

9割が使途を追えないコロナ予備費、乱立する基金と塩漬けになる予算、コンサルに巨額を投じる委託事業……。財政悪化の一方で、膨張を続ける国家予算。その内実を紐解けば、莫大な政府の無駄遣いが明らかに。緻密な取材から国費のブラックボックスに迫り財政規律回復への道筋を探る大反響の日経連載を大幅加筆のうえ新書化。